Hommage de l'auteur

LE CENTENAIRE

DE

L'ÉCOLE POLYTECHNIQUE

LE CENTENAIRE

DE

L'ÉCOLE POLYTECHNIQUE

PAR

A. DE LAPPARENT

EXTRAIT DU *CORRESPONDANT*

PARIS

DE SOYE ET FILS, IMPRIMEURS

18, RUE DES FOSSÉS-SAINT-JACQUES, 18

1894

LE CENTENAIRE

DE

L'ÉCOLE POLYTECHNIQUE

C'est chose rare qu'un centenaire, et vraiment digne de ne point passer inaperçue. Quand un homme parvient à ce degré de vieillesse, où deux chiffres ne suffisent plus à l'expression de son âge, il se trouve immédiatement désigné à l'attention publique. Quelle que fût sa condition antérieure, du coup le voilà notable ; si déjà son nom jouissait de quelque notoriété, c'est une célébrité universelle qui lui est désormais acquise. Témoin Chevreul, qui fut à coup sûr un chimiste éminent et un penseur distingué, en même temps qu'un caractère exceptionnellement honorable, mais pour qui la faveur publique n'aurait probablement pas songé à monter jusqu'au grand cordon de la Légion d'honneur, si l'ancien directeur du Muséum n'avait eu l'esprit de dépasser considérablement en longévité tous les savants de sa génération.

Si c'est déjà, pour un homme, une telle recommandation d'avoir conquis un aussi grand âge, combien, en France du moins, dans ce pays des créations éphémères, ne faut-il pas admirer une institution qui se trouve en mesure de fêter son centenaire ! Nous vivons dans un temps et sous un ciel où les choses passent plus vite que les hommes. Bientôt, ceux qui aiment à se vieillir trouveront profit à compter leur âge par le nombre des ministères qu'ils auront vus naître et mourir, en attendant une ère nouvelle, où la base de ce calcul avantageux serait fournie par les révisions successives de la charte publique. N'est-il pas merveilleux qu'au sein d'un milieu si variable une institution subsiste, qui peut faire remonter sa fondation à un siècle de distance, et qu'après tant d'années on trouve encore, non seulement pleine de sève et riche de crédit, mais à peine modifiée dans ses traditions comme dans son antique organisation ?

Tel est pourtant le cas de l'Ecole polytechnique. Dans quelques semaines, le 11 mars 1894, il y aura cent ans que le décret d'où elle est sortie a été promulgué. Depuis lors elle a vu passer dans ses cadres près de seize mille élèves, dont plus de sept mille sont encore de ce monde. Ces survivants s'apprêtent à fêter comme il

1

convient le centième anniversaire de la fondation de leur École, où bien des familles ont déjà vu se succéder trois générations en ligne directe, inaugurant ainsi un genre de noblesse, pour lequel les quartiers se comptent à la fois par le savoir acquis et par les services rendus au pays.

Il faut dire que rarement occasion plus favorable se sera offerte pour une fête de cette nature. Le ministre actuel de la guerre est un général d'artillerie qui retrouve, dans les services du grand état-major, la trace profonde laissée par un autre enfant de l'École, l'illustre et à jamais regretté Miribel. Les polytechniciens figurent, parmi les commandants de corps d'armée, en nombre relativement considérable ; ils jouent, au conseil d'État, un rôle prépondérant et sont, comme directeurs, à la tête de toutes les compagnies de chemins de fer. Mais surtout c'est un ancien élève de l'École qui occupe la plus haute magistrature de l'Etat, déjà traversée avant lui par un autre polytechnicien, le général Cavaignac. Depuis plus de six ans, le président Carnot est installé à l'Élysée. C'est autour de lui que se grouperont, sans distinction d'opinions, les adhérents de la manifestation projetée, et ce sera avec d'autant plus de justice qu'ils pourront saluer en sa personne, non seulement le plus élevé en dignité de leurs camarades, mais le petit-fils de l'un des principaux créateurs de l'institution.

D'ailleurs, nous venons de le dire, le centenaire sera fêté « comme il convient ». En effet, ce n'est pas une démonstration tapageuse qu'on prépare, et la forme donnée à cette commémoration sera digne des grands souvenirs qu'elle évoque. Dès 1888, un inspecteur général en retraite des ponts et chaussées, M. Jacquemet, alors octogénaire, émettait l'idée que le meilleur moyen d'honorer le centième anniversaire de l'Ecole serait de publier pour cette date une sorte de Livre d'or, qu'il proposait de diviser en quatre parties : histoire politique, histoire administrative, histoire scientifique, histoire biographique ; souhaitant, disait-il, qu'on fît « ressortir le rôle considérable de l'Ecole polytechnique en général, et de nos plus illustres camarades en particulier, dans la marche actuelle de la civilisation. » C'était un véritable monument qu'il voulait élever à la gloire de l'institution, et, aussitôt l'idée lancée, il se mit bravement à l'œuvre, sans souci de son grand âge, pour recruter des collaborateurs.

« Passe encore de bâtir ! », avait dit le fabuliste à propos des projets d'un autre octogénaire. Et de fait, il s'en est fallu de peu que M. Jacquemet n'eût la satisfaction de voir s'élever l'édifice dont il avait conçu le plan. Dès le mois de décembre 1889, en vue de seconder ses efforts, un comité provisoire se formait à Paris, sous la présidence de M. Faye, alors doyen des professeurs de l'Ecole polytechnique, comme il est, par la date de son élection, le doyen de l'Académie des sciences. Ce comité dressa le plan de l'ouvrage à publier. Mais le projet primitif était un peu ambitieux pour une entreprise qui ne pouvait compter que sur l'initiative privée. On y apporta bientôt de sages restrictions, et le comité, qui s'était adjoint de nouveaux membres[1], écartant l'idée d'un livre destiné à courir les chances de la vente, imagina de faire de cette publication une sorte d'œuvre de famille, en la réservant exclusivement à ceux des polytechniciens qui voudraient y concourir de leurs deniers. Un appel fut adressé à tous les camarades vivants. Deux mille souscripteurs y répondirent, et il s'y joignit deux cent cinquante donateurs, heureux de pouvoir assurer, par une contribution plus élevée, le succès de l'entreprise. Il est à peine besoin de dire que le Président de la République, toujours fermement attaché à ses souvenirs d'Ecole, s'était empressé d'apporter à la souscription un concours digne de sa haute fonction.

Chargé d'étudier les détails de l'exécution, M. le colonel de Rochas, administrateur de l'Ecole polytechnique, vit bientôt venir à lui MM. Gauthier-Villars père et fils, tous deux anciens élèves de l'Ecole, et aujourd'hui chefs de l'importante maison qui imprime, avec les *Comptes-rendus* de l'Académie des sciences, presque tous les ouvrages de mathématiques et d'astronomie. Les savants éditeurs tinrent à honneur de se charger, sans aucun bénéfice, de l'impression de l'ouvrage, dont le papier même sera fourni, aux conditions les plus favorables, par les polytechniciens qui dirigent la papeterie du Marais. Alors le comité, mis en présence d'un devis minutieusement étudié, se trouva en mesure d'arrêter définitivement les grandes lignes du Livre d'or projeté.

Il existe déjà deux histoires de l'Ecole polytechnique. La première est due à un ancien officier d'artillerie, M. Fourcy, qui l'a publiée en 1828, alors qu'il était bibliothécaire à l'École. Elle est remplie d'excellents détails sur la fondation même et les réorganisations successives de l'institution. La seconde a vu le jour en 1887. L'auteur, M. G. Pinet, appartient aussi à l'artillerie. Après avoir reproduit les parties essentielles de l'œuvre de son prédécesseur, il l'a continuée jusqu'à nos jours en accordant une grande

---

[1] Le comité définitif a été composé ainsi qu'il suit : MM. Jacquemet et Faye, présidents; MM. Joseph Bertrand, Schlœsing, Bouquet de la Grye, Sarrau, Bassot, de l'Institut; les généraux Borgnis-Desbordes, Borius, de Grandchamp, de Villenoisy; MM. Cheysson, Claude-Lafontaine, Dislère, Fargue, Guillemain, de Lapparent, Laussedat, Linder, Mercadier, Pinet; M. de Rochas, faisant fonctions de secrétaire.

place aux traditions, aux souvenirs et surtout au rôle politique de l'École. Le comité a jugé qu'il n'y avait pas lieu de faire double emploi avec ces ouvrages, l'un et l'autre riches en documents puisés aux meilleures sources, et que le Livre du centenaire devrait être principalement consacré à l'œuvre accomplie par les polytechniciens. On a décidé qu'il comprendrait trois volumes ainsi définis :

Le premier, ayant pour titre : *L'Ecole polytechnique et la science*, se composera : 1° d'une Introduction, par M. Joseph Bertrand, désigné à tous égards pour tracer ce tableau d'ensemble, comme membre de l'Académie française, secrétaire perpétuel de l'Académie des sciences, et le plus ancien professeur de l'Ecole, à l'enseignement de laquelle il participe sans interruption depuis près de cinquante ans [1]; 2° d'une courte notice historique sur l'Ecole et son enseignement, par MM. Mercadier, directeur actuel des études, et de Rochas; 3° d'une suite de biographies succinctes, consacrées à tous les savants illustres, issus de l'Ecole, et qui ne sont plus de ce monde : mathématiciens, astronomes, mécaniciens, physiciens, chimistes, naturalistes, médecins, philosophes, économistes, etc.; ces biographies devant être réparties entre les divers membres du comité ou ceux dont ils trouveraient bon de réclamer la collaboration; 4° d'une sorte d'histoire académique de l'Ecole, où seront passées en revue, depuis l'origine, les élections qui ont fait entrer des polytechniciens à l'Académie des sciences, avec un exposé rapide de l'œuvre scientifique de ceux des élus qui sont encore vivants [2].

Le deuxième volume, intitulé *l'Ecole polytechnique et l'armée*, doit contenir l'histoire de tous les corps, de l'armée ou de la marine, qui se recrutent à l'école. Chacun d'eux a pour historien spécial un des membres du comité désigné par ses origines. Seule, la notice relative à l'artillerie a dû, par suite de diverses circonstances, être distribuée entre plusieurs rédacteurs, dont l'œuvre sera, d'ailleurs, centralisée au comité de l'arme.

Enfin le troisième volume, qui portera pour titre *l'Ecole polytechnique et le génie civil*, se composera d'une suite de notices, également rédigées par des membres du comité, sur les corps des mines, des ponts et chaussées, des télégraphes, des manufactures de l'État, de l'inspection des finances, etc.

En sus des notices générales, le deuxième et le troisième volume renfermeront des biographies distinctes pour les plus éminents d'entre les membres décédés des différents services alimentés par l'École. Une série de portraits, de dessins, de reproductions de

---

[1] C'est le 18 mars 1894 que ces cinquante ans seront révolus.

[2] La rédaction de ce chapitre a été confiée, avec un assez grand nombre de biographies de savants, à l'auteur du présent travail.

médailles, seront d'ailleurs répartis dans l'ensemble de la publication. Le travail est mené avec autant d'activité que possible, de telle sorte qu'un volume puisse être remis, le 11 mars, entre les mains du Président de la République[1]. Malheureusement, le principal instigateur de l'entreprise, le respectable M. Jacquemet, ne sera plus là pour jouir du succès de son initiative. La mort l'a réclamé au commencement de l'année 1893, à l'âge de quatre-vingt-cinq ans. Du moins c'est encore un octogénaire, et celui-là bien vivant, qui devra conduire à l'Élysée les membres du comité dont il a, du reste, dirigé toutes les délibérations. Nous voulons parler de M. Faye, particulièrement populaire à l'École, où, il y a peu de mois encore, son cours d'astronomie réussissait à passionner les élèves.

Disons enfin qu'un tableau commandé par la direction des beaux-arts à M. Dupain, l'un des professeurs de dessin de l'École, retracera, dans un mélange de portraits et d'allégories, tous les souvenirs que la célébration du centenaire doit le plus naturellement rappeler à l'esprit d'un polytechnicien. La même direction fait exécuter par M. Max Bourgeois une médaille commémorative. Il est d'ailleurs probable, il est même certain dès à présent, qu'après la remise solennelle du Livre d'or, de la médaille et du tableau, un autre comité organisera quelque réunion exceptionnelle à laquelle tous les camarades existants seront conviés à prendre part, comme cela eut lieu en 1844, le jour où l'École fêta son cinquantenaire dans un banquet, présidé par M. Jomard, l'un des survivants de la première promotion et l'un des compagnons de Bonaparte en Égypte.

En attendant la réalisation de ce programme, le moment nous semble bien choisi pour rappeler les origines de l'École polytechnique, pour préciser le caractère de l'institution, enfin pour embrasser d'un rapide coup d'œil les résultats qu'elle a produits, tant pour la marche des services publics dont elle devait assurer le recrutement que pour le progrès des études scientifiques.

*
* *

Au rebours de ces heureuses princesses des contes de fées, saluées dès leur naissance par un concours de génies bienfaisants, qui s'empressaient autour du berceau chargé de fleurs, chacun apportant à la nouvelle venue quelque don précieux et charmant,

[1] Entre les diverses dates qu'il eût été loisible de choisir, celle du décret d'institution, celle de l'organisation définitive, celle de l'entrée des premiers élèves, enfin celle de la réorganisation qui a fait apparaître le nom d'*École polytechnique*, le comité a choisi la première comme étant la plus favorable pour une fête à laquelle le président Carnot doit prendre part, et qu'il convient aussi de ne pas enchevêtrer avec la célébration du centenaire de l'Institut, laquelle tombe en 1895.

on ne saurait rien imaginer de plus sombre ni de plus tragique que
les circonstances dont la fondation de l'École polytechnique a été
entourée. La Terreur au dedans, l'invasion sur les frontières ; nos
places fortes menacées ou livrées à l'ennemi ; l'insurrection répon-
dant de toutes parts aux proscriptions et aux échafauds ; le pays
ruiné, désorganisé, ne pouvant ni tirer de l'étranger le salpêtre
nécessaire à la poudre, ni utiliser, pour la fabrication des armes,
ses manufactures presque toutes tombées aux mains des insurgés ;
tel est le cadre au milieu duquel vont se poursuivre les délibérations
d'où sortira la nouvelle institution. Comment l'idée de fonder un
établissement de haut savoir a-t-elle pu germer en un pareil
moment? Il semble que ce fût un véritable anachronisme, et, pourtant, on va le voir, cette pensée a jailli tout naturellement du
gigantesque effort que le pays a su faire en ce suprême péril.

Au mois d'août 1793, lorsque fut ordonnée la levée en masse,
tout manquait pour nourrir, équiper et surtout armer les soldats.
En face d'arsenaux vides et d'un commerce impuissant à fournir
des matières premières, les pouvoirs publics firent appel à la
science. De nos jours, un semblable recours risquerait d'être
inefficace, tant sont devenus compliqués, et par suite difficiles à
improviser, les moyens d'action que la guerre met en œuvre. Mais,
il y a un siècle, ce prodige était encore possible. Pour l'accomplir,
il ne fallait qu'une génération d'hommes à la hauteur des circonstances, et, grâce à Dieu, cette génération ne fit pas défaut.

Toute une pléiade de savants éminents accourut à l'appel du
Comité de salut public. On y voyait les Fourcroy, les Guyton-
Morveau, les Monge, les Berthollet, les d'Arçon, les Vauquelin, les
Prony, les Chaptal. Quelques-uns d'entre eux, la veille encore pri-
sonniers et suspects, avaient failli subir le sort de Lavoisier, et ne
trouvaient grâce devant les proscripteurs qu'en raison des services
attendus de leur capacité. Les uns se mirent à récolter le salpêtre
en fouillant les demeures des hommes et des animaux ; puis ils
inventèrent des procédés rapides de purification ; d'autres allèrent
chercher la soude dans les cendres des forêts incendiées de la
Vendée. Celui-ci enseigna l'art de transformer le fer en acier
fondu, celui-là imagina l'affinage de l'acier ; la plupart improvisè-
rent des ateliers où l'on déployait une activité prodigieuse, tant
pour la fabrication des armes que pour l'instruction rapide des
ouvriers destinés à répandre partout l'usage des nouveaux procédés. « Tout ce que le génie, le travail et l'activité peuvent créer
de ressources, a dit Biot [1], avait été employé pour que la France

____

[1] *Histoire générale des sciences pendant la Révolution française.*

pût seule se soutenir contre toute l'Europe et se suffire à elle-même tant que durerait la guerre, fût-elle éternelle et terrible. »

On sait quels résultats répondirent à ces efforts. La fin de 1793 fut signalée par des succès décisifs, que confirma la mémorable campagne de 1794, organisée par Carnot. Dès lors, une confiance sans bornes fut acquise aux savants qui avaient préparé ce triomphe, et la Convention dut hésiter d'autant moins à suivre leur impulsion, en vue d'assurer par de nouvelles institutions la supériorité scientifique du pays, que tous les services publics se trouvaient désorganisés par la guerre ou par la révolution. Les ingénieurs des ponts et chaussées avaient dû être envoyés à l'armée ; il n'en fallait pas plus pour rendre particulièrement opportune la fusion, déjà réclamée par Carnot, de ce corps avec celui du génie militaire. Comme conséquence, un projet de loi de 1793 stipulait qu'*une seule école* serait établie pour le recrutement des *ingénieurs nationaux*. Déjà, du reste, dans un écrit qu'on suppose avoir été composé en 1791 ou 1792, Monge avait conçu la pensée d'une école supérieure où l'on n'aurait admis que les élèves les plus distingués des établissements secondaires, et Romme, en présentant un plan d'ensemble sur l'instruction publique, avait fait observer que la marine, le génie, l'artillerie, les ponts et chaussées et les mines possédaient plusieurs parties communes, « par lesquelles il serait utile de les lier à un système général [1] ».

Ainsi l'idée mûrissait peu à peu. Mais, pour faire aboutir toutes ces velléités, il fallut l'active intervention de Lamblardie, devenu, en février 1794, le successeur de Perronet dans la direction de l'École des ponts et chaussées. Trouvant cet établissement tout à fait désorganisé par le départ de ses meilleurs élèves, il insista vivement en faveur d'une création nouvelle. Le Comité de salut public entra dans ses vues. Carnot et Prieur de la Côte-d'Or, tous deux anciens élèves de l'École de Mézières, s'appliquèrent avec Lamblardie à définir les bases de l'institution souhaitée, et le 11 mars 1794 (21 ventôse an II), le Comité obtenait de la Convention un décret constituant une commission des travaux publics, laquelle devait s'occuper sans délai de la fondation d'une *école centrale des travaux publics*, en spécifiant le mode d'examen et de concours. De ce jour on peut dire que l'École polytechnique était virtuellement fondée.

Pour achever l'œuvre, on nomma une commission composée de Fourcroy, Guyton-Morveau, Prieur, Lamblardie, Berthollet, Hassenfratz, Chaptal, Vauquelin et Monge. Ce dernier, qui, dès la

[1] Rapport cité par Pinet, *Histoire, etc.*, p. 359.

première heure, s'était chaleureusement associé aux vues de Lamblardie, joua dans la commission le rôle principal, en raison de l'expérience qu'il avait depuis longtemps acquise à l'École de Mézières. C'est à son influence, bien secondée par celle des hommes éminents qui l'entouraient, qu'on a dû de voir la haute culture scientifique devenir prépondérante dans une institution où le gouvernement avait surtout cherché le moyen de former des officiers et des ingénieurs capables. Suivant une expression de Monge, on voulut élever « le plus magnifique monument à l'instruction publique », au moment même où l'effet naturel des révolutions et des guerres menaçait d'une ruine complète l'enseignement des arts et des sciences.

Bientôt d'ailleurs le 9 thermidor faisait disparaître le danger que couraient les organisateurs, de voir leur œuvre entravée par quelque fantaisie sanguinaire du Comité de salut public. Aussi, la Terreur une fois vaincue, fut-il possible de demander à la Convention un vote définitif. Fourcroy et Prieur se chargèrent de ce soin, et le premier présentait, le 24 septembre 1794, un rapport où il exposait la nécessité de recruter les ingénieurs militaires, ceux des ponts et chaussées et des mines, les ingénieurs géographes, enfin les constructeurs de navires, dans une même école dont l'enseignement serait basé sur les mathématiques et la physique. Sollicitant un vote immédiat, il ajoutait : « La grandeur de cette école est digne du peuple auquel elle est destinée, elle sera sans modèle en Europe. » Plus tard, en 1803, Biot, appréciant cette fondation dont il avait profité l'un des premiers, devait dire, dans le langage quelque peu ampoulé de l'époque [1] : « On voulut qu'une vaste colonne de lumière sortît tout à coup du milieu de ce pays désolé, et s'élevât si haut, que son éclat immense pût couvrir la France entière et éclairer l'avenir ». Comme annexe au rapport de Fourcroy, le Comité de salut public fit paraître quelques jours après, sous le titre de *Développements sur l'enseignement adopté pour l'École centrale des travaux publics*, une instruction détaillée dont l'auteur était facile à deviner, par l'autorité avec laquelle il parlait de la géométrie descriptive : c'était Monge. Ainsi ce grand homme a été vraiment l'âme de l'institution nouvelle, et c'est à lui surtout que doit aller la reconnaissance des amis de la haute science, qui allait en recevoir une si féconde impulsion.

Quatre jours après le dépôt du rapport de Fourcroy, le 28 septembre 1794 (7 vendémiaire an III), la loi était rendue, décidant que les examens se feraient du 20 au 30 vendémiaire, et que le nombre des élèves admis serait de quatre cents, devant être choisis parmi

[1] *Histoire générale des sciences, etc.*

les jeunes gens de seize à vingt ans, porteurs d'une attestation de civisme et « ayant fait preuve d'intelligence et de bonne conduite ».

Le certificat de civisme faillit tout gâter. On avait bien prescrit à l'agent de chaque district de choisir avec le plus grand soin « un citoyen recommandable par la pratique des vertus républicaines », qui jugerait de la moralité et de la bonne conduite des candidats. Mais, à Paris du moins, ce fonctionnaire fit souvent preuve d'un zèle intempestif. C'est ainsi, raconte M. Joseph Bertrand [1], que Poinsot, devenu, depuis, l'un de nos plus grands géomètres, fut, ainsi que tous ses quarante concurrents, déclaré inadmissible. « La manifestation de patriotisme, écrivait le citoyen assistant de l'examinateur, a été en général nulle. A l'exception du très petit nombre, ils (les candidats) sont ignorants et indifférents. Indifférents ! tandis que les enfants même balbutient déjà les principes et les hymnes à la Liberté ! » Heureusement cet accès de sottise ne prévalut pas contre le bon sens des examinateurs proprement dits. Les élèves avaient toisé leur juge au moral et s'étaient moqués de lui. « Ils jurèrent haine éternelle aux tyrans, et, malgré son rapport, on les déclara dignes de servir la patrie [2]. »

Une grande largeur de vues présidait à l'appréciation de la valeur intellectuelle des candidats. Aucun programme ne leur était imposé. Ils devaient simplement « donner des preuves d'intelligence en subissant un examen sur les éléments des mathématiques », et il était recommandé de tenir compte, non seulement des connaissances acquises par les jeunes gens, mais aussi de leur disposition à apprendre de nouvelles choses, en ayant égard « soit à leur âge, soit au temps qu'ils auront donné à leurs études, soit au plus ou moins de vivacité et de précision de leurs réponses ».

On a souvent exprimé le regret que ces traditions du début n'aient pas été maintenues. Mais l'évolution qui a engendré le mode actuel d'examens, avec ses programmes surchargés, était vraiment, à la longue, difficile à éviter. Quelle différence entre la situation d'aujourd'hui et celle de 1794 ! De nos jours, les examinateurs trouvent en face d'eux près de deux mille candidats, *préparés* plutôt qu'instruits, et à la *mise en forme* desquels on a apporté tous les soins imaginables, épiant, depuis nombre d'années, avec les questions posées, les habitudes et jusqu'aux manies de chacun des juges. De la sorte, il devient de plus en plus difficile, surtout avec une science chaque jour plus compliquée, de discerner le vrai mérite personnel à travers les artifices d'un tel *entraî-*

---

[1] *Eloge de Poinsot,* lu à l'Académie des sciences le 29 décembre 1890. Voy. aussi Fourcy, *Histoire de l'École polytechnique,* p. 35.

[2] J. Bertrand, *loc. cit.*

nement. Au contraire, en 1794, quelle originalité, quel naturel dans ce concours que personne ne prévoyait quelques mois auparavant! On n'en saurait donner de plus saisissant exemple que le cas de Poinsot, si agréablement raconté par M. J. Bertrand.

Voilà un collégien de dix-sept ans qui, dans les premiers jours d'octobre 1794, revenait de vacances pour faire sa rhétorique au lycée Charlemagne. Un vieux numéro du *Moniteur*, oublié sur la table d'une auberge entre Beauvais et Paris, lui apprend la création de la nouvelle école. Il ne connaît rien des mathématiques. Qu'importe! L'idée lui vient de s'y essayer. En peu de semaines, la lecture des ouvrages de Bezout lui donne un aperçu de l'arithmétique et de la géométrie, et, malgré la défense de son proviseur qui lui dit : « Tu compromettrais le collège », il risque hardiment l'examen. Par malheur, c'est d'abord une question d'algèbre qu'on lui pose : « Citoyen, dit Poinsot, je ne sais pas l'algèbre, mais je vous promets de l'apprendre. » Au lieu de s'irriter d'une telle réponse, l'examinateur passe à un problème de géométrie. L'élève le résout, mais ne s'en retire pas moins fort inquiet. Un mois après, il voit ses camarades envahir la salle d'étude en agitant bruyamment un numéro du *Moniteur*, et, saisi par les plus robustes, il se sent porté en triomphe dans les corridors du collège. C'est qu'on venait de lire son nom à la fin de la liste! L'examinateur perspicace avait bien auguré de son intelligence, et l'heureux candidat n'allait pas tarder à justifier ce diagnostic en s'élevant au premier rang parmi les plus éminents géomètres.

Par contraste avec ces mathématiciens improvisés, d'autres, comme Biot, Malus, Lancret, Francœur, Donop, etc., arrivaient avec un bagage scientifique qui les désignait d'avance comme les futurs instructeurs de leurs camarades plus novices. Aussi rien n'était-il plus curieux que cet assemblage de près de quatre cents jeunes gens (le nombre exact fut de 396), venus de tous les points de la France, et dont quelques-uns sortaient à peine de l'adolescence, tandis que d'autres avaient déjà servi le pays dans les camps ou dans les écoles spéciales. La plupart étaient logés chez des citoyens complaisants, qui avaient bien voulu répondre à l'appel adressé par le gouvernement aux « pères de famille sensibles et bons patriotes ». Ils passaient dix heures par jour au palais Bourbon, assujettis à un programme d'études et d'exercices remarquablement combiné. Tous étaient animés du même enthousiasme, et prêtaient une égale attention aux matières nouvelles que les plus illustres savants venaient développer devant eux, notamment à cette géométrie descriptive dont Monge était le créateur, et que jusqu'alors il avait dû tenir secrète dans son enseignement à l'Ecole de Mézières. Ce fut comme une éclosion instantanée de capacités intellectuelles qui s'ignoraient elles-mêmes et qui trouvèrent, du premier coup, le terrain le plus propice à leur épanouissement.

L'Ecole avait été ouverte le 10 décembre 1794, sous la direction de Lamblardie. Jusqu'au 21 mars 1795, les élèves assistèrent, tous ensemble, à des cours dits *révolutionnaires*, destinés à permettre un premier classement; car, en raison de l'inégale préparation de ces jeunes gens, on comptait pouvoir réaliser, au bout de peu de mois, leur partage entre les trois divisions dont l'Ecole devait être normalement constituée. En même temps, le génie et l'incroyable activité de Monge s'appliquaient à la formation rapide des aspirants instructeurs, en vue du recrutement des vingt-cinq chefs de brigade que prévoyait le règlement.

Le 24 mai 1795 eut lieu l'ouverture des cours ordinaires, inaugurés par une leçon du grand mathématicien Lagrange, qu'entouraient comme professeurs Prony, Monge, Hachette, Berthollet, Chaptal, Pelletier, Vauquelin, Fourcroy, Guyton-Morveau, Hassenfratz, Barruel, etc., c'est-à-dire les premiers savants de l'époque. Mais bientôt, malgré le succès des cours et l'ardeur des élèves, la nouvelle institution eut à subir quelques assauts, notamment de la part de l'Ecole du génie de Metz, qu'inquiétait particulièrement le cours de fortification. C'est alors qu'une loi du 1er septembre 1795 (15 fructidor an III) intervint pour préciser la destination de l'établissement. Sur la proposition de Prieur de la Côte-d'Or, on décida qu'au lieu de former directement des ingénieurs, l'Ecole centrale des travaux publics, prenant désormais le nom d'*Ecole polytechnique*, serait la pépinière où viendraient exclusivement se recruter les diverses *Ecoles d'application* de l'artillerie, du génie, des ponts et chaussées, des mines, des ingénieurs géographes et des constructions navales.

Pour bien définir le point de vue qui venait de prévaloir, on ne saurait mieux faire que de citer ce qu'en a dit Fourcy dans la préface de son *Histoire de l'Ecole polytechnique* : « Rien n'est plus simple que la pensée qui sert de base à l'établissement dont nous esquissons l'histoire. Plusieurs services publics requièrent que ceux qui en dirigent les travaux possèdent une instruction assez étendue dans les sciences mathématiques et physiques et dans les arts graphiques. Réunir, dans une même école, les jeunes gens qui se destinent à ces divers services, pour leur donner en commun cette instruction fondamentale; leur faire ainsi parcourir ensemble la première partie de leur laborieuse carrière jusqu'au point où la spécialité des connaissances relatives à leurs destinations différentes nécessite la ramification de l'école générale en plusieurs écoles particulières; établir l'école commune dans la capitale, au foyer le plus actif des lumières, afin d'y pouvoir confier l'enseignement aux hommes les plus éminents dans chaque partie, et de le maintenir ainsi à la hauteur toujours croissante des sciences : voilà l'idée mère de l'Ecole polytechnique. »

La nouvelle organisation qui venait d'être établie fut encore plus nettement définie par l'arrêté du 20 mars 1796. Cependant elle faillit sombrer en 1797 devant une vive attaque menée par le comité des fortifications. Un éloquent plaidoyer, rédigé par Monge avant son départ pour l'Italie, servit au ministre de l'intérieur à défendre l'institution. « Lorsqu'on a créé l'École, disait son illustre fondateur,·on voulait à la vérité préparer des officiers et des ingénieurs; mais on avait un but bien plus vaste et bien plus élevé, celui de stimuler tout à coup le génie français prêt à s'endormir, de rappeler l'attention vers les sciences, de ranimer l'amour de l'étude et de rendre à la France un éclat non moins solide et non moins brillant que celui des armes. Au lieu de ce magnifique monument élevé à l'instruction publique, on ne veut qu'une obscure école primaire pour les services publics, à laquelle il ne sera pas même nécessaire de se présenter [1]. »

Après bien des péripéties, une nouvelle et complète organisation fut édictée par la loi du 16 décembre 1799 (25 frimaire an VIII), qui consacrait le triomphe de la pensée de Monge, en spécifiant que « l'École polytechnique est destinée à répandre l'instruction des sciences mathématiques, physiques et chimiques, et particulièrement à former des élèves pour les écoles d'application des services publics ». Le nombre des élèves, destinés à un séjour de trois ans au plus, était définitivement fixé à 300, et les limites d'âge respectivement arrêtées à seize et à vingt ans, avec obligation de déclarer dès l'entrée le service public auquel on se destinait, tout en recevant d'ailleurs le grade et la solde de sergent d'artillerie. Monge rédigea le nouveau programme d'admission. C'est à cette époque que Lagrange, abandonnant pour raison d'âge son cours d'analyse transcendante, écrivait au conseil de perfectionnement : « Recevez les assurances de l'intérêt que je conserverai toujours pour un établissement que je regarde comme un des plus beaux ornements de la république ». Un an après, Monge et Berthollet, nommés sénateurs, déclaraient faire l'abandon de leur traitement de professeurs pour que l'École en appliquât le montant à divers travaux de perfectionnement.

La caractéristique de l'École polytechnique, telle que l'avait

___

[1] Cité par Pinet, *Histoire*, p. 395.

voulue Monge et que la consacrait la loi de frimaire, était la coexistence de l'enseignement purement théorique avec une série de *cours d'application* relatifs aux travaux civils, à l'architecture, à la fortification, aux mines, même aux constructions navales. Tout en se bornant à fournir des élèves aux écoles d'application, on entendait les préparer d'avance à leur future mission. Charles Dupin, l'un des plus illustres enfants de l'institution, a écrit plus tard : « C'était une pensée éminemment philosophique, éminemment utile, éminemment nationale, que celle de donner de la sorte à chaque élève des services publics une connaissance générale et suffisante des travaux de tous ces services. » Et de fait, la belle destinée scientifique des promotions qui se sont succédé sous l'empire de ce régime atteste que, loin de nuire à la formation des savants, il l'a bien plutôt servie.

Cinq ans après, par le décret du 16 juillet 1804 (27 messidor an XII), Napoléon changeait de fond en comble l'organisation intérieure de l'École polytechnique et la transformait en un établissement militaire. En vain Monge, que le souverain continuait à honorer de toute sa faveur, s'efforça-t-il de lui démontrer « l'absurdité de former au pas et au maniement du mousquet des géographes, des ingénieurs des mines et des commissaires des poudres[1] ». Napoléon, résistant à toutes ses instances, décréta l'obligation du casernement pour les élèves. C'est alors que l'École fut transférée dans les bâtiments du collège de Navarre, où le nouveau régime fonctionna dès la fin de 1805. Puis il fut décidé qu'au lieu de recevoir une solde, les élèves paieraient une pension annuelle de 800 francs, enfin que le choix de la carrière se ferait seulement lors des examens de sortie.

Les guerres de l'Empire apportèrent un trouble fréquent dans la répartition des carrières, et, à plus d'une reprise, l'École dut fournir des officiers à l'infanterie ou à la cavalerie. En 1811, Napoléon voulut lui enlever le recrutement des officiers d'artillerie. Même, au grand chagrin de Monge, qui entrevoyait depuis longtemps ce résultat final, l'empereur avait formé le projet de détruire l'institution. Mais il n'eut pas le loisir d'exécuter son dessein. Ensuite vinrent les événements de 1814, où l'École fit preuve d'un grand patriotisme, puis ceux de 1815, après lesquels Laplace reçut, du gouvernement de la Restauration, la présidence d'une commission chargée de préparer une ordonnance royale de réorganisation. Cette ordonnance parut le 4 septembre 1816. Si l'internat était maintenu, le régime militaire était supprimé, et, selon le vœu de la

---

[1] Ch. Dupin, *in* Pinet, *Histoire*, p. 413.

commission, l'École devait continuer d'être « un foyer d'instruction propre à répandre les lumières des sciences mathématiques et physiques, et une pépinière de jeunes gens capables d'exercer les fonctions d'ingénieur et d'officier dans les différents services publics pour la gloire de la monarchie ».

Le prix de la pension était porté à 1000 francs, et on ne cachait pas l'espoir de voir l'École se recruter de plus en plus parmi les familles aristocratiques. L'influence de Laplace introduisit dans l'enseignement des modifications considérables, destinées à faire prévaloir le point de vue purement théorique et surtout la culture de la haute analyse. La suppression des anciens cours de travaux civils fut l'un de ces changements, et l'institution perdit ainsi le caractère d'école préparatoire aux services publics que lui avaient imprimé ses fondateurs. Chose étrange! la science pure ne devait rien y gagner; car, malgré des maîtres tels qu'Ampère et Cauchy (chez qui, du reste, l'habileté du professeur était loin de corres-pondre au génie du savant), les promotions qui se sont succédé de 1817 à 1830 sont celles qui ont donné, de beaucoup, la moindre proportion de membres à l'Institut. Comme si, au point de vue scientifique, une sorte de malédiction avait pesé sur l'École, à partir du jour où Monge, son véritable père, fut frappé par le gouvernement de la Restauration. On sait, en effet, qu'en 1816, le grand géomètre se vit rayé du nombre des membres de l'Académie des sciences, en punition de ce que, de 1792 à 1793, il avait occupé le poste de ministre de la marine; et quand, deux ans après, le chagrin de cette destitution eut conduit Monge au tombeau, la permission d'assister à ses obsèques fut impitoyablement refusée à cette École, où tous gardaient le souvenir impérissable de ses bienfaits.

La révolution de 1830 ne pouvait manquer d'entraîner une nouvelle réorganisation. Trois ordonnances y pourvurent, de 1830 à 1832. L'École polytechnique, qui relevait autrefois de l'intérieur, fut placée dans les attributions du ministre de la guerre. Mais, par une disposition aussi sage que libérale, l'Académie des sciences fut désormais appelée à se prononcer sur le choix des professeurs. Au début, c'était en vertu d'une désignation spéciale. A partir de 1844, il parut suffisant d'assurer à l'Académie une part déterminée, et d'ailleurs considérable, dans le conseil de perfectionnement chargé d'arrêter les listes soumises au ministre.

La période de 1830 à 1842, malgré les désordres politiques, parfois assez graves, qui troublèrent trop souvent la vie des deux premières promotions, n'en fut pas moins très brillante au point de vue du réveil des études scientifiques. Il semblait qu'un souffle nouveau animât les élèves. De leur côté, les professeurs de cette époque unissaient pour la plupart l'autorité d'une science profonde à une simplicité et à une bonhomie charmantes[1], et les cours de Pouillet, de Navier, de Lamé, de Coriolis, de Savary, de Dulong, étaient l'objet de la plus respectueuse attention. On en connut le fruit plus tard, lorsqu'on put compter, à l'Académie des sciences, jusqu'à vingt et un membres appartenant aux promotions de cette période.

En 1848, l'École fut menacée de suppression. Trop de fois elle avait pris part à des manifestations qui n'étaient point de son rôle, et plus d'un homme politique en avait conçu une vive irritation. L'un des plus montés était Odilon Barrot, qui déclarait vouloir « en finir avec elle ». D'autres jugeaient le moment bon pour donner à l'Ecole centrale le recrutement des services intéressant les travaux publics, tandis qu'on irait chercher dorénavant les officiers de l'artillerie et du génie à l'Ecole militaire. On réussit cependant à écarter ce danger, et une commission fut seulement instituée en 1850 pour reviser les programmes d'admission et d'enseignement. Bientôt ce fut une commission mixte, formée de représentants de la guerre et de l'instruction publique, qui eut à s'occuper à la fois des programmes des lycées et de ceux de l'Ecole, pour les mettre en harmonie. Le Verrier et Morin en faisaient partie, et on a été unanime à déplorer l'influence qu'ils exercèrent en cette occasion, où la préoccupation de rétablir les règles, à la vérité un peu trop oubliées, de la discipline et de la hiérarchie, fit trop souvent méconnaître le véritable intérêt des hautes études. Quoi qu'il en soit, l'organisation nouvelle fut fixée par un décret du 1er novembre 1852, et depuis lors il n'y a été apporté que des modifications de détail jusqu'en 1873, époque où les nouvelles lois militaires firent nécessairement sentir leur action tant sur le régime de l'Ecole que sur la destinée des élèves, dont la grande majorité fut désormais réclamée par l'artillerie.

*
* *

La seule lecture du rapide exposé qui précède pourrait faire naître, relativement à l'importance des vicissitudes traversées par l'École, une impression qu'il convient avant tout de dissiper. Si tant de changements ont eu leur inévitable contre-coup sur la valeur ou la destinée de certains groupes de promotions, aucun d'eux n'a jamais atteint le caractère fondamental de l'institution. Ses créateurs l'avaient marquée d'une empreinte durable, et la main puissante de Monge avait eu, depuis 1794 jusqu'à la fin de l'Empire, assez de temps pour la couler dans un moule définitif.

[1] Pinet, *Histoire*, 201.

Aussi son esprit est-il demeuré sensiblement le même à travers les modifications qu'on faisait subir à son régime. Le public ne s'y est jamais trompé, et c'est bien toujours la même École polytechnique qu'il a su voir devant lui.

Cette continuité s'est affirmée surtout par la persistance d'un esprit de corps qu'aucune institution de ce genre n'a offert au même degré. Les causes de ce privilège sont multiples. La première doit être incontestablement cherchée dans la grande homogénéité du personnel où l'École s'est constamment recrutée. Sa composition n'a pas cessé d'être essentiellement démocratique, dans ce que nous appellerons le meilleur sens du mot; c'est-à-dire qu'elle s'est presque exclusivement alimentée dans les milieux où le travail est regardé, non seulement comme une nécessité, mais comme l'honneur de l'existence. Même, au début, les très rares représentants de la noblesse qui ont voulu suivre cette voie ont dû, pour le faire, vaincre ou dédaigner la résistance acharnée de leurs proches. Tel fut, en 1799, le cas de Clermont-Tonnerre. Plus tard, cette répugnance a été moins vive; mais les membres des familles aristocratiques n'ont jamais figuré à l'École qu'en nombre négligeable, et du reste la plupart, abandonnant tout préjugé de caste, se sont rapidement amalgamés avec leurs camarades de condition plus modeste.

Il faut ensuite tenir compte du réel enthousiasme que les fondateurs et les premiers maîtres avaient su inspirer aux promotions de l'origine. Ceux qui avaient connu ces temps héroïques en ont emporté un tel souvenir, que, non contents de diriger de suite, dans la même voie, les jeunes gens placés dans leur sphère d'influence, ils ont, presque tous, ambitionné de faire souche de polytechniciens. Ainsi se sont formées des traditions de famille, qu'on s'est toujours montré heureux de pouvoir renouer à chaque génération nouvelle [1].

La force de ces traditions a été d'autant plus efficace, que

[1] Au nombre de ces *dynasties polytechniciennes*, comme on pourrait les appeler, on peut citer la famille de M. Joseph Bertrand, l'éminent secrétaire perpétuel de l'Académie des sciences. Fils d'un polytechnicien de la promotion de 1813, lui-même élève en 1839, il a eu la satisfaction de voir ses trois fils entrer à l'Ecole en 1867, 1873 et 1878. De même, le signataire de ce travail, élève de 1858, est le fils d'un polytechnicien de 1828, qui avait pour père un élève de la première promotion, celle de 1794. Celui-ci, ayant joui d'une longévité exceptionnelle (il n'a quitté ce monde qu'en 1870, après avoir vu entrer à l'École deux fils et deux petits-fils), a pu prendre part à la fondation de la Société amicale de secours en qualité de souscripteur perpétuel. Son nom, qui ne disparaîtra jamais des listes de cette association, est le seul auquel se trouve accolé le millésime de 1794. Son petit-fils a donc des droits tout exceptionnels à représenter la *continuité polytechnicienne*.

l'effectif d'une même promotion, le plus souvent compris entre cent et cent cinquante élèves, permettait aux condisciples de se connaître tous au bout de deux ans de vie commune, avantage forcément ignoré dans les écoles plus nombreuses. Mais ce qui a rendu cet avantage encore plus sensible, c'est la répartition des élèves, à leur sortie, entre plusieurs services publics, indépendants les uns des autres; de sorte que chacun, dans la poursuite de sa carrière, devait rarement rencontrer beaucoup de concurrents parmi les camarades dont il avait partagé l'existence à l'École. Ainsi il y a toujours eu peu de motifs de rivalité entre anciens condisciples, et d'autre part, la dissémination forcée des membres de chaque promotion était propre, au bout d'un certain temps, à prêter un plus grand charme aux rencontres où l'on trouvait l'occasion de faire revivre les souvenirs du temps passé sur les mêmes bancs, en y mêlant, sans arrière-pensée, les impressions recueillies ultérieurement au cours des carrières les plus diverses. L'institution, devenue très régulière, des dîners de promotion, a beaucoup contribué à resserrer ces liens affectueux.

Si l'on ajoute à ces considérations le sentiment d'un commun et précieux privilège, celui d'une haute instruction théorique, toujours distribuée par les maîtres les plus éminents de la science, enfin la satisfaction de former une corporation respectée pour son mérite, mais accessible à tous sans distinction d'origine ni faveur d'aucun genre, on aura les raisons de cette camaraderie puissante, qui n'a cessé d'être le caractère distinctif de l'École polytechnique, et dont les manifestations, pour n'avoir pas été toutes également pondérées, n'en ont pas moins bien souvent revêtu un caractère particulièrement touchant.

Une énergique solidarité s'est établie, dès le début, non seulement parmi les élèves, mais entre eux et leurs professeurs. C'est ainsi qu'en 1795 on vit Monge, par sa vigoureuse intervention, sauver deux de ses disciples et justement des meilleurs, Biot et Malus, qui s'étaient laissé entraîner dans l'insurrection de Vendémiaire. Le même protecteur, en 1804, plaida chaleureusement la cause de son École, que Napoléon accusait d'opposition systématique; mais il ne put fléchir la résolution arrêtée de la soumettre au régime militaire.

Quant aux liens établis entre les élèves, leur force date du début même de l'École, lorsque, en 1795, ils se portaient en masse au secours de ceux de leurs camarades que les émeutiers menaçaient pour avoir pris le parti du gouvernement. Il en fut encore donné une preuve frappante en 1805, lorsqu'à la cérémonie de prestation du serment, le détachement d'élèves armés, que commandait le sergent-major Arago, refusa d'exécuter l'ordre, donné par le général, d'arrêter le camarade girondin Brissot, coupable d'avoir protesté à haute voix. Le casernement institué par Napoléon eut d'ailleurs pour effet de rendre encore plus étroite la solidarité entre les élèves, et d'accentuer l'esprit de corps qui devait unir les promotions successives. Parfois même le système, ainsi établi, de l'entente et de la coalition, eut au dehors des conséquences regrettables, la jeunesse embrigadée ne sachant pas toujours résister aux excitations de quelques mauvaises têtes. Toutefois ce n'est pas dans cette catégorie qu'il faut ranger l'obstination que mirent les élèves à refuser la décoration dont l'empereur leur demandait de désigner eux-mêmes le titulaire, en récompense de la belle conduite de l'École à la défense de la barrière de Vincennes en 1814. Si le scrupule qui les déterminait pouvait être jugé excessif, il n'avait rien que d'honorable, et n'eût prêté à aucune critique sans la mauvaise humeur que témoignèrent les polytechniciens à l'égard de leur camarade Dandelin, décoré d'office, comme l'un des blessés de l'affaire, à la suite de ce refus [1].

En revanche, il ne saurait y avoir de divergence sur l'appréciation que mérite la conduite des élèves qui, en 1830, ayant reçu, par ordonnance du duc d'Orléans, le brevet de lieutenant, en considération de leur rôle dans les journées de Juillet, préférèrent renoncer à cet avantage, plutôt que de faire reculer de deux cents rangs leurs anciens déjà entrés à l'Ecole de Metz.

Une conséquence de cet esprit de corps a été de provoquer, dès l'origine, un généreux élan en faveur de l'assistance mutuelle. En 1798, époque où la solde des élèves, payée en assignats, ne leur fournissait pas les moyens de vivre, les camarades de Poisson se cotisèrent pour retenir dans leurs rangs un condisciple dont ils avaient de suite reconnu le mérite exceptionnel, et que le manque absolu de ressources allait mettre dans l'obligation de renoncer à une carrière où l'attendaient de si grands succès. Et ce qu'on avait fait pour un géomètre d'avenir, on le répéta plus d'une fois pour d'autres, de valeur moins éclatante. Plus tard, on vit des professeurs abandonner généreusement une partie de leurs appointements, afin d'aider les élèves à payer leur pension. Ainsi fit Monge en 1810, quand l'âge et une longue maladie le forcèrent de prendre sa retraite. En outre, depuis le décret de 1804, qui édictait l'obligation de la pension, les polytechniciens avaient institué, dans chaque promotion, deux caissiers, chargés d'assister, en observant le plus grand secret, les camarades les moins favorisés, à l'aide

---

[1] Voy. J. Bertrand, *Éloge de Michel Chasles.*

d'une cotisation volontaire que payaient tous les autres; et cet usage s'est conservé même après que la multiplication des bourses eut rendu moins urgente la nécessité d'une telle assistance. Enfin la bienfaisance polytechnicienne a trouvé sa suprême expression dans cette *Société amicale* de secours, fondée en 1865 et déjà presque millionnaire, qui trouve moyen de distribuer chaque année environ 60 000 francs d'allocations. Le désir d'accroître ses ressources a fait naître en 1879 l'idée du bal annuel, devenu si rapidement populaire, où le plaisir qu'éprouvent les anciens élèves à se retrouver en famille est doublé par la pensée du bien qui en découle pour le soulagement d'infortunes toujours trop nombreuses. En 1893, 3600 billets ont été placés, produisant un bénéfice net de 32 000 francs, le plus élevé qui ait encore été atteint.

Cependant, si haut qu'on doive priser les manifestations généreuses de l'esprit de corps et de la camaraderie, ce n'est pas par cette action tout intérieure, et profitable aux seuls polytechniciens, que la solidarité de l'Ecole peut vouloir se recommander à la faveur publique. Il ne suffit pas qu'elle puisse alléguer la part importante qui lui revient dans l'affermissement d'une institution dont le pays a le droit d'être fier. Elle doit encore se mettre en mesure de prouver qu'au lieu de chercher à établir en fait, pour une caste restreinte, des privilèges entachés d'exclusivisme, elle a au contraire, à plus d'une reprise, apporté une contribution importante au bien général de la nation. Or c'est ce qu'il serait aisé de montrer par des exemples nombreux et décisifs.

En premier lieu, l'esprit de corps a été une sauvegarde puissante pour préserver le personnel issu de l'Ecole des tentations où son honneur aurait pu se trouver entaché. L'étroite union des militaires et des civils, cimentée pour la première fois à une heure où l'élan du patriotisme étouffait toute considération mesquine, n'a pu manquer d'affermir, chez les uns comme chez les autres, les traditions de désintéressement qui sont l'essence même de la carrière des armes. Dans le maniement des fonds de l'État comme dans l'administration des grandes compagnies de chemins de fer, les ingénieurs n'ont pas été moins incorruptibles que ne l'étaient les officiers du génie dans la conduite des travaux de casernement et de fortification, ou ceux de l'artillerie dans la construction du matériel d'armement. Si, parmi les 16 000 polytechniciens qui se sont succédé depuis 1794, quelques inévitables défaillances se sont produites, elles n'ont jamais atteint que ceux qui avaient cherché fortune hors des carrières réglementaires, et le plus souvent les entraînements de la politique ont été la cause déterminante de ces chutes. Aux heures de désarroi, où le bon renom de l'ancienne administration française a paru s'assombrir sur quelques points, l'honneur des services publics recrutés à l'École est demeuré parfaitement intact; et de même nulle considération n'a pu empêcher les polytechniciens de l'inspection des finances de signaler avec fermeté les abus qu'ils rencontraient.

L'esprit de corps a eu un autre mérite : celui de rendre particulièrement faciles les rapports entre fonctionnaires de différents services. Il faut en avoir été témoin pour comprendre quelle aisance immédiate le droit au titre de *cher camarade* est capable d'introduire entre des personnages appelés à délibérer ensemble sur des intérêts contradictoires, et avec quelle facilité, sous cette influence, les volontés cherchent un accord là où des hommes d'origine diverse ne sauraient peut-être pas se défendre d'une instinctive défiance. Nulle part cet avantage ne s'est mieux fait sentir que dans les commissions mixtes où des civils et des officiers se trouvaient réunis. Le fait de pouvoir invoquer de communs souvenirs d'école y a suffi la plupart du temps pour enlever toute âpreté et toute gêne dans la discussion, comme aussi pour tempérer, par une nuance marquée de bienveillance, l'effet des différences de situation hiérarchique.

L'un des plus importants services de l'État, celui des chemins de fer, a trouvé dans la camaraderie polytechnicienne un profit considérable. La division du réseau français en compagnies distinctes s'était imposée à l'origine pour des raisons péremptoires : d'abord l'impossibilité de trouver, à cette époque, une puissance financière capable d'assumer à elle seule le fardeau de toute l'entreprise; ensuite l'excessive responsabilité qu'eût encourue l'État si, en prétendant se charger lui-même de la tâche, il avait dû prescrire des règles uniformes pour la construction et l'exploitation, alors que l'expérience n'avait pas prononcé et qu'il y avait tout avantage à laisser se déployer l'initiative privée. Mais, une fois le résultat obtenu, divers inconvénients devaient naître de l'opposition d'intérêts entre les réseaux limitrophes. D'autre part, l'exercice nécessaire du contrôle de l'État risquait, dans la pratique, de provoquer des conflits aigus entre les représentants de la puissance publique et ceux des compagnies.

Il est permis de dire que la plupart de ces difficultés ont été évitées, ou du moins atténuées dans une forte proportion, grâce à l'origine commune des ingénieurs chargés de ces divers services. Aujourd'hui, les directeurs de l'Est, du Paris-Lyon, de l'Orléans, du Midi, du réseau de l'État et de l'Ouest, enfin le chef de l'exploitation du Nord, sont tous des ingénieurs des ponts et chaussées ou des mines, ainsi, du reste, que leurs principaux collaborateurs.

Deux présidents et un vice-président des conseils d'administration appartiennent aussi à l'École polytechnique. Cette homogénéité imprime aux conférences hebdomadaires, comme à tous les pourparlers que nécessitent les circonstances, un caractère spécial de cordialité, éminemment propre à favoriser la solution amiable de toutes les difficultés. De la même façon, les autorités chargées du contrôle n'ont ni le goût ni le besoin de donner à leur intervention les formes un peu rudes qu'emploient souvent, les unes vis-à-vis des autres, les administrations dont les membres n'ont pas d'attaches communes. Et ainsi, pour employer une expression vulgaire, l'huile abonde dans tous les rouages, au profit définitif du public, dont la cause est toujours mal servie par des conflits.

Mais l'exemple le plus frappant qu'on puisse invoquer, pour justifier l'utilité générale des relations d'école, est celui des travaux par lesquels a été préparée la mobilisation éventuelle des forces militaires de la France, cette suprême garantie de la sécurité nationale. On sait que cet immense labeur a eu pour principal auteur le général de Miribel. Depuis longtemps la voix publique le désignait pour y présider, et Gambetta, dans un élan de patriotique clairvoyance, avait eu le mérite de proclamer la convenance d'un tel choix. Pourtant, nul encore ne s'était senti le courage de braver l'ostracisme dont il plaisait à certain parti de frapper ce militaire incomparable. Pour triompher d'une aussi déplorable opposition, il fallut l'arrivée au ministère de la guerre d'un ingénieur sorti de l'Ecole polytechnique. Si grande qu'eût été, d'ordinaire, sa soumission aux exigences d'un groupe dont la principale force dérivait de la crainte injustifiée queses chefs avaient su inspirer, M. de Freycinet osa un jour braver ces résistances. En lui le polytechnicien eut raison du politicien, et le ministre appela enfin, à la tête de l'état-major général, le soldat qu'il avait précédé à l'Ecole de très peu d'années, et dont il avait eu, depuis lors, mainte occasion d'apprécier les facultés exceptionnelles aussi bien que le dévouement silencieux.

Ce n'est pas tout. L'œuvre, pour être rapidement menée à bonne fin, réclamait le concours actif et résolu de toutes les compagnies de chemins de fer. A coup sûr, dans une question pareille, où la vie du pays était en jeu, nulle résistance n'était à craindre, et dans quelques mains qu'eût été la direction des compagnies, le patriotisme aurait toujours dicté leur conduite. Cependant n'était-ce pas une circonstance particulièrement favorable, et bien propre à activer toutes les solutions, que cette communauté d'origine qui permettait au ministre, au chef d'état-major, à plusieurs de leurs subordonnés immédiats, enfin aux représentants des chemins de fer, de se considérer comme les membres d'une même famille?

Alors surtout que, par une rencontre vraiment exceptionnelle, le directeur et le chef d'exploitation de la compagnie de Lyon, MM. Noblemaire et Picard, tous deux membres importants de la commission supérieure des chemins de fer, se trouvaient être deux camarades de promotion du général de Miribel. C'est pourquoi, sans réclamer pour l'Ecole polytechnique, ce qui serait aussi absurde qu'injuste, le mérite exclusif d'une œuvre à laquelle la France tout entière s'est associée, il nous sera du moins permis de prétendre que l'accomplissement en a été singulièrement facilité par les relations que la confraternité polytechnicienne établissait d'emblée entre les principaux organisateurs de la défense nationale.

Nous croyons en avoir assez dit pour montrer le caractère bienfaisant, nous oserons presque dire l'utilité publique, de cet esprit de corps qui a parfois provoqué de si violentes attaques. Comme toutes les choses humaines, il a pu avoir ses imperfections et, par moments, ses excès, vivement ressentis et dénoncés par ceux qui ne pouvaient pas réclamer le bénéfice de cette confraternité. Néanmoins il nous semble que, tout bien considéré, la somme des avantages l'a de beaucoup emporté sur celle des inconvénients. En détruisant d'un trait de plume les anciennes corporations, en portant à toutes les institutions aristocratiques un coup dont elles ne devaient pas se relever, la Révolution française avait créé un danger qui ne s'est que trop tôt fait sentir : celui de laisser les individus entièrement isolés et sans défense, soit devant l'omnipotence de l'État, soit devant la compétition des intérêts. Il était nécessaire que des associations vinssent au jour, que personne ne pût suspecter de s'être inspirées de l'ancien régime, et qui permissent le groupement fécond des efforts en vue du bien. Grâce à son énergique solidarité, l'École polytechnique a été la plus puissante de ces associations. Elle a montré ce que peut faire une démocratie vigoureuse, quand par bonheur ceux qui la dirigent, au lieu de flatter ses pires instincts, s'attachent à ne développer que ses plus hautes et ses plus nobles facultés, en s'imposant le soin de discipliner en elle aussi bien l'intelligence que la volonté. C'est ce qu'avaient merveilleusement compris les fondateurs de l'École, et par là ils ont mérité la reconnaissance du pays, doté, grâce à eux, d'une institution qu'un siècle d'existence n'a fait que consolider, parce qu'elle n'a jamais failli à la tâche d'entretenir, parmi ses membres, le double culte de la science et de l'honneur.

Après ces considérations générales, il reste à voir de quelle façon l'École polytechnique s'est acquittée de la mission qui lui était imposée, de pourvoir aux services publics et de favoriser le progrès des sciences.

*
* *

Le nombre des services publics que l'École polytechnique alimente est considérable. Depuis l'origine, elle fournit les officiers de l'artillerie de terre, de l'artillerie de marine et du génie militaire. Après avoir été jusqu'en 1830 la pépinière des ingénieurs-géographes, elle a donné depuis cette époque au corps d'état-major, où ces ingénieurs avaient été versés, une moyenne de trois officiers par an, jusqu'à la nouvelle organisation d'où est sortie l'École de guerre. A partir de 1822, environ trois places d'aspirants de marine ont été attribuées chaque année aux polytechniciens, et en 1855 on leur a ouvert le commissariat de la marine, à raison de deux places par promotion. Aux ingénieurs des mines, des ponts et chaussées, des constructions navales, aux ingénieurs-hydrographes, enfin à ceux des poudres et salpêtres, dont le recrutement exclusif a toujours appartenu à l'École, on a ajouté, en 1831, le service des tabacs, fondu plus tard avec celui des manufactures de l'État, et, en 1844, le service des lignes télégraphiques. A diverses reprises, des élèves ont directement trouvé place dans l'infanterie ou dans la cavalerie, comme aussi beaucoup, parvenus dans l'artillerie ou le génie au grade de capitaine, ont passé avec grand avantage dans le corps de l'intendance. Quelques élèves, au début, étaient immédiatement entrés dans l'instruction publique. Enfin, l'inspection des finances a compté un assez grand nombre de polytechniciens pour qu'on soit presque autorisé à ranger cette carrière parmi celles que l'École alimente en partie, bien que les titulaires n'y aient jamais été admis qu'à la suite d'un examen accessible à tous, et pour lequel leur qualité de polytechniciens ne leur assurait qu'un avantage relatif.

Vouloir dresser le bilan de chacun de ces services nous exposerait à dépasser de beaucoup le cadre où doit se renfermer le présent travail. Il ne peut être ici question que d'un rapide aperçu, ayant pour but de mettre en lumière le profit que les corps qui viennent d'être énumérés, au moins les principaux d'entre eux, ont pu tirer de leur mode spécial de recrutement.

L'artillerie mérite qu'on lui accorde dans cet examen la première place : d'abord, à cause du nombre considérable des officiers (plus de six mille) que l'École lui a fournis, ce qui lui assure la prépondérance numérique sur toutes les carrières polytechniciennes; ensuite parce que le rôle, de plus en plus important, que cette arme a été appelée à jouer dans les guerres de ce siècle, a fait de mieux en mieux ressortir l'avantage d'une solide instruction préalable pour ceux qui prenaient place dans ses rangs.

Sans nous arrêter aux nombreux faits d'armes par lesquels nos artilleurs se sont illustrés, soit dans les guerres de l'Empire, soit en Afrique, en Crimée ou en Italie, nous nous contenterons de rappeler que c'est à un polytechnicien, Treüille de Beaulieu, qu'on doit l'invention des canons rayés, qui exerça une influence si décisive sur l'heureuse issue de la campagne d'Italie; que, plus tard, la reconstitution de notre matériel, après la guerre de 1870, a constamment trouvé, pour y présider, des hommes de première valeur, les uns comme inventeurs, les autres comme organisateurs, à savoir : les Reffye, les Berge, les Lahitolle, les Debange, les Gras, etc.; si bien que l'artillerie française a été unanimement considérée, dans ces dernières années, comme ne le cédant à aucune autre pour la valeur de son armement.

La forte instruction des officiers a eu un autre résultat : celui de leur assurer un avantage marqué dans le recrutement de l'École de guerre, comme aussi de leur faciliter l'accès des grands commandements, à une époque où les combinaisons stratégiques sont devenues assez compliquées pour que les anciennes qualités d'énergie, d'endurance et même de coup d'œil, ne suffisent plus à elles seules pour faire un bon général. Aussi l'artillerie est-elle aujourd'hui représentée, parmi les commandants de corps d'armée, par un nombre de généraux très supérieur à celui que pourrait faire prévoir la proportion qui existe entre le personnel des artilleurs et l'ensemble des officiers français. Pour le dire en passant, rien ne prouve mieux que ce fait combien était mal fondé le reproche que les adversaires de l'École ont si souvent adressé aux officiers de nos armes spéciales. On prétendait, en effet, que la plupart, entrés en quelque sorte par nécessité dans un service militaire auquel ils eussent préféré les carrières civiles, n'y apportaient ni les aptitudes ni les goûts du métier. Pour ce motif, on persistait à les exclure des fonctions de l'état-major, auxquelles, une fois la barrière rompue, un grand nombre d'entre eux viennent de se montrer particulièrement propres.

Avec des divisionnaires éminents comme Ducos de la Hitte, Paixhans, Thiry, Forgeot, etc., l'artillerie a fourni deux maréchaux de France, dont l'un, Lebœuf, avait fait toute sa carrière dans l'arme, tandis que l'autre, Bosquet, l'avait quittée au bout de dix ans pour devenir officier de cavalerie en Afrique.

Quant à l'artillerie de marine, elle peut rappeler avec quelque fierté l'heureuse direction imprimée par le général Frébault à la fabrication de son matériel, les savantes et utiles expériences exécutées au laboratoire central sous la direction du général Sebert, enfin les hautes qualités d'initiative et d'énergie dont le général Borgnis-Desbordes a fait preuve dans nos colonies.

Aux services de l'artillerie se rattache étroitement celui des poudres, où le bienfait de l'instruction polytechnicienne s'est toujours fait sentir. Autrefois le général Piobert s'était ouvert les portes de l'Institut par ses travaux sur le mouvement des projectiles. Depuis lors, l'artillerie a profité des utiles études du colonel Castan sur le mode d'emploi de l'ancienne poudre, mais surtout des importantes recherches, à la fois théoriques et pratiques, du laboratoire central des poudres et salpêtres. C'est dans ce laboratoire que M. Sarrau, aujourd'hui membre de l'Académie des sciences et professeur à l'École polytechnique, a poursuivi ses études sur les explosifs, et établi tous les principes à l'aide desquels les artilleurs peuvent, soit régler leur tir, soit déterminer rationnellement les divers éléments de la fabrication des armes à feu. C'est là, enfin, qu'un collaborateur de M. Sarrau, polytechnicien comme lui, M. Vieille, a découvert la poudre sans fumée, comme couronnement d'une suite de recherches habilement combinées, et dont l'Académie des sciences s'est plu à proclamer le mérite exceptionnel.

Les élèves de l'École admis dans le génie militaire avaient trouvé, dès la première heure, l'occasion de se distinguer [1]. Quarante d'entre eux, en tête desquels brillait Malus, trop tôt enlevé à l'armée et à la science, partirent en 1798 pour l'expédition d'Egypte, et rendirent les plus grands services aux sièges de Jaffa, de Saint-Jean-d'Acre, d'El-Arich et du Caire. « Tous, a dit Monge [2], se sont distingués par leur conduite et par leurs talents ; ils se sont montrés hommes faits avant l'âge ; au combat ils égalaient les vieux grenadiers ; au travail périlleux des sièges, ils rivalisaient de sagesse et de sang-froid avec les ingénieurs consommés. » Après les guerres de l'Empire, une direction nouvelle fut donnée aux efforts de l'arme, qui dut s'appliquer à améliorer partout le casernement, jusque-là si défectueux, des troupes. Pendant ce temps, le général Noizet devenait passé-maître dans l'art de la fortification nouvelle.

Mais l'œuvre capitale des officiers du génie, dans ce siècle, est la construction des fortifications de Paris. Jamais entreprise plus considérable n'a été préparée avec plus de soin, calculée avec plus de précision, ni poursuivie avec plus de célérité, de conscience et d'honnêteté. Quand, à la tribune de la Chambre, Chabaud-Latour,

---

[1] Nous avons profité, pour ce paragraphe, de l'Histoire du corps du génie, rédigée pour le Livre du centenaire par le général de Villenoisy.

[2] Séance du Conseil de l'école du 28 vendémiaire an VII. (Pinet, *Histoire*, p. 37.)

se portant fort pour des camarades qu'il connaissait bien, annonçait une dépense de 140 millions, personne dans le pays ne voulait admettre que ce chiffre ne dût pas être dépassé. Or non seulement les crédits alloués ont suffi, mais de toutes parts un éclatant témoignage d'estime a été rendu à ces officiers qui avaient manié de si grosses sommes, dans des conditions exceptionnelles de rapidité, sans qu'aucun d'eux, même parmi les plus humbles, se fût laissé effleurer par le moindre soupçon d'indélicatesse. Vaillant, Noizet, Moreau, furent les principaux chefs de ce grand service, qui valut à Dode de la Brunerie le bâton de maréchal[1].

Les guerres d'Afrique furent particulièrement favorables au corps du génie, où l'on vit se distinguer Valazé, le premier général que l'École ait donné à l'arme; Rohault de Fleury, qui dirigea le siège de Constantine; mais surtout une pléiade d'officiers qui, ayant passé de bonne heure dans les corps spéciaux à l'Algérie, devinrent des capitaines et, plus tard, des hommes d'Etat illustres, Duvivier, Lamoricière, Cavaignac. Au siège de Rome, Vaillant acquit de nouveaux titres, bientôt sanctionnés par le grade de maréchal. Puis vint le siège de Sébastopol, où trente et un officiers du génie se firent tuer. C'est là que s'est consacrée la réputation de Frossard, de Dalesme et surtout de Niel, qui devait gagner son bâton de maréchal en Italie, et laisser plus tard des souvenirs impérissables par ses tentatives pour organiser, comme ministre de la guerre, une armée défensive dont sa clairvoyance n'entrevoyait que trop bien la nécessité. Rappelons aussi qu'en Crimée, à l'Alma et à Inkermann, les polytechniciens virent s'illustrer leur ancien camarade de l'artillerie, Bosquet.

C'est à l'arme du génie qu'appartenaient Faidherbe, l'habile gouverneur du Sénégal, et Denfert-Rochereau, le défenseur de Belfort. Tous deux eurent le privilège de pouvoir donner à notre patriotisme quelque consolation durant la guerre franco-allemande. Lorsqu'ensuite il fallut réorganiser nos forteresses et créer du côté de l'Est une frontière artificielle, le génie se remit silencieusement à l'œuvre. Sous l'impulsion d'hommes tels que Chabaud-Latour, Frossard et Seré de Rivières, il édifia partout des camps retranchés, des forts d'arrêt et des batteries, sur des types adaptés aux conditions nouvelles de l'attaque, si tant est que rien puisse résister aux formidables moyens dont dispose aujourd'hui l'art de la destruction.

L'École polytechnique a fourni à la marine environ 250 officiers. Encore conviendrait-il de retrancher de ce chiffre une promotion tout à fait exceptionnelle de 28 marins, que la perspective

---

[1] Dode de la Brunerie n'appartenait pas à l'Ecole polytechnique.

d'une guerre avec l'Angleterre fit demander à l'École en 1801. En effet, par une rencontre vraiment singulière, ces 28 marins de 1801, à l'exception d'un seul, ont été ou décimés lors de l'expédition de Saint-Domingue, ou atteints de très bonne heure d'un découragement qui leur a fait quitter la carrière en qualité d'aspirants. Ce n'est qu'en 1822 que le recrutement des marins a recommencé à se faire à l'École, qui en a donné ainsi 180, de cette date à 1861. Deux de ces officiers ont eu une destinée exceptionnellement brillante : l'amiral Rigault de Genouilly, le conquérant de la Cochinchine, qui fut ministre de la marine, et l'héroïque Courbet, dont les succès dans les mers de Chine sont venus si à propos réconforter en nous le sentiment de la fierté nationale. En y comprenant ces deux illustrations, on a déjà pu compter, parmi les polytechniciens de la marine, 14 officiers généraux, proportion tout à fait remarquable, eu égard au nombre si restreint des élèves admis dans cette carrière. Il est clair, d'après cela, que l'insuffisance de l'éducation nautique préalable s'est trouvée bien vite compensée, pour les marins issus de notre École, par les avantages d'une préparation scientifique, que le développement de la marine à vapeur et de toutes les installations mécaniques a dû rendre chaque jour plus précieuse.

Il est impossible de clore ce rapide examen des services militaires de l'École polytechnique sans dire un mot de sa participation à la défense du territoire en 1870. Nous ne parlons pas seulement de l'entrain avec lequel les élèves alors présents à l'École se dévouèrent à la tâche, lorsqu'on les vit « aux armées de Paris et de la province, sous-lieutenants improvisés dans les batteries de campagne, aides de camp dans les états-majors, ingénieurs militaires attachés aux services techniques ou simples soldats engagés dans le rang, réclamer tous l'honneur de prendre part à la lutte suprême[1] ». A l'heure où presque toutes nos forces régulières étaient immobilisées, soit dans Paris, soit dans Metz, tandis qu'un polytechnicien, Faidherbe, se maintenait non sans gloire dans le Nord, où un autre camarade, Treüille de Beaulieu, employait son génie inventif à improviser de toutes pièces les batteries nécessaires à son chef et ami, c'est aux ingénieurs issus de l'École que le gouvernement de la Défense nationale recourait pour organiser la résistance. Dans son livre sur *la Guerre en province*, « M. de Freycinet a rappelé quelle énergie, quel concours sérieux, efficace, dévoué, ces hommes, qui n'avaient jamais été initiés aux choses de

---

[1] Pinet, *Histoire de l'École polytechnique*, p. 13. — Tout le monde connaît l'action d'éclat accomplie à Reichshoffen par l'élève Pistor, aujourd'hui colonel et attaché à la maison militaire du président de la république.

la guerre, ont apportés dans les comités militaires, à l'organisation des camps régionaux, du corps du génie auxiliaire, à la fabrication des armes et des munitions [1] ». Le seul service de l'artillerie départementale [2] a réussi à fabriquer plus de mille bouches à feu.

Il convenait à tous égards que l'École polytechnique, née précisément du grand effort patriotique fait par les savants de la fin du dernier siècle, montrât que si les circonstances ne permettaient plus à la science de jouer un rôle aussi efficace, elles lui laissaient encore sa grande et honorable part dans l'improvisation des moyens de défense à la suite d'un désastre sans précédent. Que bien des fausses manœuvres aient pu être commises à cette occasion, que certaines combinaisons élaborées en haut lieu se soient ressenties de l'inexpérience des organisateurs, nul ne saurait s'en étonner sans injustice. Il n'en est pas moins vrai que cet effort a sauvé l'honneur du pays, gravement compromis par des capitulations sans exemple, et, dès lors, une véritable gratitude est due à ceux qui ont été les instruments de cette réhabilitation. Gambetta s'est plu à reconnaître que, « sans l'École polytechnique, l'œuvre de la Défense nationale eût été impossible [3] ». Quelques sentiments que puisse inspirer la mémoire du dictateur, c'est un devoir de recueillir ce témoignage qu'aucun esprit de parti ne lui dictait.

Le génie maritime [4] est peut-être, de tous les corps recrutés à l'École polytechnique, celui qui a procuré à l'amour-propre national les plus constantes satisfactions. Dès le début, deux hommes y ont brillé d'un vif éclat : Tupinier, élève de la première promotion, et le baron Charles Dupin, entré à l'École en 1801. Tous deux, à leur heure, ont occupé le ministère de la marine ; le premier a été pair de France, l'autre a siégé au Sénat du second Empire, et pendant cinquante-quatre ans, il a honoré l'Académie des sciences, où ses admirables travaux de géométrie, joints à son mérite d'ingénieur, lui avaient acquis une autorité hors ligne. Grâce à son exceptionnelle longévité (car la mort ne l'atteignit qu'en 1873), Dupin eut le privilège de pouvoir saluer, de son vivant, toutes les actions d'éclat du corps dont il avait été la première illustration.

Les noms de Dupin et de Tupinier sont étroitement liés au sou-

[1] Pinet, *Histoire*, p. 13.

[2] Dirigé par M. Maurice Lévy, ingénieur des ponts et chaussées et aujourd'hui membre de l'Institut.

[3] Déclaration faite par Gambetta, lors de sa visite, comme président de la Commission du budget de 1875, à l'École polytechnique. (Pinet, *Histoire*, p. 14.)

[4] Nous avons consulté avec beaucoup de profit, pour le génie maritime, la notice rédigée par M. Dislère, à l'intention du Livre du centenaire.

venir des progrès que la marine à voiles a faits durant la première moitié de ce siècle. L'un et l'autre avaient commencé par donner, avec Moreau, Marestier et Hubert, une active et utile coopération à la construction improvisée de la flottille de Boulogne. Du premier coup on remarqua les solutions ingénieuses et nouvelles que les élèves de Monge savaient apporter aux problèmes de l'architecture navale, jusqu'alors un peu abandonnée à la routine, bien que déjà, sous l'impulsion d'hommes tels que Sané, les types de la marine française eussent acquis une supériorité incontestée sur ceux des autres nations.

En 1830, Hubert se distingua par la construction du premier aviso à vapeur, *le Sphinx*. En même temps, Reech parvenait à établir les règles de l'emploi rationnel du nouveau mode de propulsion. Mais le grand triomphe du corps des constructions navales fut l'intuition de génie qui détermina Dupuy de Lôme à jeter, dès 1848, les plans d'un vaisseau à hélice à grande vitesse. Quand, en 1854, *le Napoléon* put remorquer le vaisseau-amiral dans les Dardanelles, par vents et courants contraires, alors que, pendant huit jours encore, la flotte anglaise devait se sentir immobilisée, ce fut, pour la France, plus qu'une satisfaction d'amour-propre d'avoir ainsi devancé la Reine des mers. Les détracteurs des corps constitués et fermés eurent alors l'occasion de se convaincre que le génie n'a rien à perdre à recevoir de bonne heure l'empreinte d'une solide discipline scientifique.

Dans la même année 1854, la France remportait un nouveau succès avec ses batteries flottantes, et quatre ans après, ce succès s'accentuait encore quand Dupuy de Lôme lançait la première frégate cuirassée, *la Gloire*. Bientôt, tandis qu'Henri de Lapparent s'appliquait, par d'ingénieux procédés, à la conservation des bois de la marine, Audenet réussissait, avant l'Angleterre, à employer le fer pour la coque des navires de guerre, en attendant que, quinze ans plus tard, sous la direction de M. de Bussy, et avec l'active coopération de M. Barba, nos ingénieurs parvinssent à rendre pratique l'usage de l'acier, vainement essayé jusque-là par les constructeurs d'outre-Manche. En dehors de leur application directe à la marine, tous ces progrès successifs devaient exercer une influence considérable sur l'industrie métallurgique, sans cesse sollicitée à accomplir de nouveaux tours de force, pour répondre aux exigences toujours croissantes des constructions navales. En même temps Dupuy de Lôme, constamment en avant dans la voie des conceptions hardies, armait les cuirassés d'un éperon, et appliquant au perfectionnement des machines motrices les inépuisables ressources de son génie, il mettait en application, avec le plus grand succès, le système de la détente à plusieurs cylindres. Quand la retraite vint l'atteindre, le fécond inventeur trouva, dans la direction de la Société des forges et chantiers de la Méditerranée, l'occasion de rendre d'autres services au pays, soit en créant de nouveaux types de paquebots, soit en attirant vers cette Société, par l'éclat de sa renommée, la clientèle des nations étrangères.

Si l'on ajoute que, par la construction du *Gymnote*, M. Zédé a ouvert la voie à la navigation sous-marine, il sera permis de prétendre que, jusqu'à ces derniers temps, le corps des constructions navales n'a cessé de devancer tous les autres pays dans la voie du progrès. Aussi son influence s'est-elle étendue au loin, comme en témoigne, entre autres exemples, le rôle important que nos ingénieurs, MM. Verny, Thibaudier et Bertin, ont été appelés à remplir au Japon. Si l'éclat du corps semble avoir un peu pâli depuis quelques années, il en faut accuser surtout les influences qui viennent entraver la libre action des constructeurs, et notamment l'abus des considérations budgétaires, c'est-à-dire le parti-pris d'imposer avant tout, au nom des convenances parlementaires, des réductions sur la dépense, devenue énorme, des navires cuirassés. D'ailleurs, les nombreux mécomptes, récemment éprouvés par les meilleures marines, comme celle des Anglais, montrent bien qu'en ce moment l'architecture navale, assujettie par la puissance croissante des moyens d'attaque à des conditions presque inconciliables, subit une crise qui n'est pas particulière à notre pays.

Nous jugeons inutile de nous étendre longuement sur les services rendus, depuis cent ans, par les ingénieurs des ponts et chaussées et des mines. Il faudrait des volumes pour énumérer seulement ce qui s'est fait d'important sous leur direction, dans ce siècle où la France a vu naître les routes départementales, les chemins vicinaux, les chemins de fer; où tant de canaux ont été construits ou améliorés; où nos ports maritimes ont été l'objet d'une si grande sollicitude, pendant que la navigation fluviale était partout assurée dans la mesure du possible; où le développement des appareils à vapeur a nécessité tout un ensemble de dispositions délicates, point de départ des recherches du célèbre physicien Regnault, tandis que les problèmes de l'exploitation des mines, et spécialement ceux qui intéressent la vie des ouvriers, attiraient la constante attention des ingénieurs compétents; où l'éclairage de nos côtes, sous l'active impulsion de Léonor Fresnel et surtout de Léonce Reynaud, est parvenu à un degré de perfection qui nous permet de ne rien envier à l'étranger; où Belgrand a si bien résolu la question des eaux et des égouts dans la capitale, tandis que les traditions créées par Alphand assuraient au service municipal de la métropole une supériorité incontestée.

L'unité dans la direction, l'efficacité du contrôle, grâce à l'intervention constante des inspecteurs généraux, l'harmonie à tous les degrés de la hiérarchie, résultant de la commune origine des membres du personnel, une honnêteté indiscutable dans le maniement des deniers de l'Etat, enfin un grand souci du bien public, favorisé par l'indépendance des ingénieurs vis-à-vis des influences locales, tels ont été, avec la capacité partout reconnue des hommes formés à cette école, les principaux fruits du recrutement spécial des deux corps.

L'indépendance dont nous venons de parler n'a pas été du goût de tout le monde, et c'est là, sans doute, qu'il faut chercher la première raison de l'antipathie, nous dirions volontiers de la haine, dont certaines personnalités de la politique départementale ont poursuivi l'Ecole polytechnique. Il en est pour qui la destruction de cette institution était l'objet d'une préoccupation constante, qui les obsédait comme le *delenda Carthago* du vieux Caton [1]. Sans doute, ils n'avaient pas trouvé les ingénieurs assez souples, ni surtout assez disposés au rôle d'agents électoraux. C'eût été grand dommage si les pouvoirs publics avaient écouté de pareilles doléances, heureusement demeurées sans grand écho.

Aux services rendus dans l'administration proprement dite, il faut ajouter la part considérable, pour ne pas dire exclusive, que les polytechniciens ont prise à l'exécution des grands travaux dont l'Etat ne pouvait assumer seul la responsabilité. Si la France n'a pas eu l'initiative des chemins de fer, où l'Angleterre devait fatalement la devancer, en raison du développement de son industrie, provoqué par la richesse considérable du sol anglais en minerais et en combustibles, du moins l'entrée en scène de nos ingénieurs s'est signalée du premier coup par l'introduction de méthodes rigoureuses, précises et rationnelles, en des matières où, jusqu'alors, on s'était laissé un peu guider par l'instinct [2]. C'est là que s'est fait sentir le bénéfice de l'éducation géométrique donnée à l'Ecole. Nul homme du métier ne saurait oublier ce que l'art des chemins de fer doit à deux ingénieurs des mines, Lamé et Clapeyron, grâce aux règles qu'ils ont établies lors de l'exécution de la ligne de Saint-Germain, et qui embrassaient aussi bien les terrassements, les voûtes biaises et les ponts, la construction des engins et des ressorts, que l'emploi méthodique des signaux.

[1] Le plus acharné dans cette campagne était M. Raudot, qui a écrit sur *la Décadence de la France* un livre où l'Ecole polytechnique est dénoncée comme la grande coupable.

[2] Voy. notre livre *le Siècle du fer*, p. 157 et suiv.

Tout le monde sait aussi que c'est à la hardiesse de nos constructeurs français qu'on doit d'avoir osé dépasser de beaucoup
les étroites restrictions dont Stephenson avait cru devoir entourer,
dans l'origine, l'emploi des pentes et des courbes dans les tracés.

Rappeler tous ceux qui se sont distingués dans ces diverses
tâches serait ici excessif. L'histoire des corps des ponts et chaussées et des mines que rédigent, pour le Livre du centenaire,
MM. Guillemain et Linder, leur rendra bonne justice. Disons
seulement, pour nous borner à ceux qui ne sont plus de ce monde,
que personne ne saurait méconnaître la trace puissante qu'ont
laissée, dans l'industrie des chemins de fer, des hommes comme
Jullien, Perdonnet, Clapeyron, Paulin Talabot, Didion, Solacroup,
Collignon, Morandière, Surell, Callon, Le Châtelier, Sauvage,
Charles et Eugène Couche. Quel constructeur refuserait son respect à Vicat, l'inventeur des ciments artificiels; à Combes, l'auteur
du code technique de l'exploitation des mines; à Lamandé et à
Polonceau, les habiles constructeurs de ponts; à Navier, le véritable créateur de la théorie de la résistance des matériaux; à
Héron de Villefosse, cet ancêtre de 1794, qui a pris une part si
efficace à l'établissement de notre législation minière; à Legrand,
qui a tenu, avec une autorité sans égale, la direction générale des
Ponts et chaussées; à Franqueville, cet administrateur d'élite qu'on
a vu déployer tant de ressources dans la difficile organisation du
réseau de nos voies ferrées?

Les adversaires de l'Ecole polytechnique ont souvent reproché
au corps des ponts et chaussées de manquer d'initiative, et de
se montrer, par système, récalcitrant aux inventions hardies.
Même à l'époque où elle était formulée, cette accusation manquait
de justesse, car ce n'est pas à un service public, gardien des intérêts généraux, qu'il convient de s'aventurer dans des entreprises
que le succès n'a pas encore sanctionnées. Mieux vaut, en pareille
matière, se laisser quelque peu devancer par l'industrie privée que
de compromettre la fortune publique, en la livrant prématurément
à des expériences dont le résultat n'est rien moins que certain.

Si cette règle de sagesse a mérité de s'imposer dans tous les
temps, avec quelle évidence rétrospective ne se justifie-t-elle pas
aujourd'hui, quand nous assistons de toutes parts à l'écroulement
des espérances qu'avait fait naître le milieu de ce siècle? Les
malédictions dont le Conseil général des ponts et chaussées a
été plus d'une fois chargé se comprenaient, à la rigueur, à une
époque où rien ne semblait devoir arrêter l'essor de l'industrie,
et où de nouveaux débouchés s'ouvraient chaque jour aux produits
européens. Alors, sans doute, on pouvait être excusable de ne

point prévoir le terme de cette fête, et les gens pressés de jouir devaient supporter impatiemment toute entrave apportée à la réalisation immédiate de leurs desseins. Mais la désillusion a été rapide. On n'a vu que trop tôt tout ce qu'il y avait de factice dans cette expansion, dont le principal moteur était une cupidité sans frein et sans prévoyance. A présent que l'Amérique du Nord a fermé ses portes, que l'Amérique du Sud se débat dans la révolution ou les embarras financiers, que l'excès de production et la concurrence écrasent l'industrie dans toute l'Europe, que les voies ferrées, étourdiment développées au delà des besoins réels, occasionnent dans leur exploitation de si graves mécomptes, combien doivent regarder avec quelque repentir vers ce Conseil des ponts et chaussées, qui a blâmé tous les excès commis, et peuvent se prendre à regretter, au fond du cœur, que sa résistance n'ait pas été plus efficace!

D'ailleurs, toutes les fois que la défense d'un intérêt supérieur ne les a pas arrêtés dans leur élan, les ingénieurs sortis de l'Ecole polytechnique ont su déployer des qualités de premier ordre. On l'a vu en Autriche et en Russie, quand, sous la direction d'un personnel presque entièrement issu de l'Ecole, les collaborateurs d'Ernest Gouin, Alexandre Lavalley en tête, ont fait faire à l'industrie des ponts métalliques de si grands progrès. On l'a mieux vu encore à Suez, quand le génie de deux polytechniciens, Borel et Lavalley, a sauvé l'entreprise d'une ruine certaine. C'était à l'heure où les intrigues anglaises avaient fini par triompher de la faiblesse du khédive. En faisant décréter l'interdiction de la corvée des fellahs, la diplomatie britannique comptait bien avoir rendu impossible la poursuite d'un travail que les ouvriers européens ne pouvaient entreprendre à des conditions rémunératrices. Borel, par son heureuse inspiration de profiter de l'eau des lacs pour noyer les travaux et substituer l'œuvre de la drague à celle de la pioche; Lavalley, par l'invention du merveilleux outil qui s'appelle la drague à long couloir; tous deux, par leurs rares qualités d'énergie et d'entrain dans la direction des chantiers, réussirent à déjouer tous ces calculs. Grâce à eux, ce qui aurait dû se terminer par un lamentable désastre est devenu, pour la France, un triomphe éclatant. C'est une page à jamais glorieuse et d'autant plus digne de figurer aux annales de l'Ecole, que, dans cette Egypte si imprégnée des souvenirs laissés par les ingénieurs français, tout ce qui touche au canal de Suez, sondages préalables, reconnaissance des côtes, création des ports, etc., avait été conçu et exécuté par des polytechniciens.

Pour achever de caractériser le rôle joué par l'Ecole polytechnique dans les grandes administrations françaises, il est bon de rappeler que l'Ecole a fourni treize ministres de la guerre (parmi lesquels Clermont-Tonnerre, Charras, Lamoricière, Vaillant, Niel); sept ministres de la marine, entre autres Destutt de Tracy; quatre ministres des finances, dont l'intègre et habile Bineau; deux ministres de l'intérieur, Montalivet et Chabaud-Latour; cinq ministres des affaires étrangères; enfin, six titulaires aux travaux publics, un à l'agriculture et au commerce, deux à l'instruction publique. A la diplomatie, elle a donné cinq ambassadeurs (Barante, Saint-Aulaire, Gramont, Montebello, Mathieu de la Redorte). Le président du Conseil d'Etat à la fin du second Empire, Vuitry, appartenait également à l'École, comme c'est le cas aujourd'hui pour deux des présidents de section de cette haute assemblée, MM. Picard et Blondeau. L'un des élèves de la promotion de 1794, Rendu, était parvenu au poste de procureur général près la Cour des comptes. On aura une idée de la variété des aptitudes que peut abriter l'éducation de l'Ecole, si nous ajoutons qu'on a compté, parmi ses anciens élèves, six conseillers à la Cour des comptes, deux magistrats de la Cour de cassation, trois dignitaires de Cour d'appel, neuf inspecteurs généraux de l'instruction publique et plus de quarante préfets.

Ainsi que nous l'avons déjà rappelé, l'École a été deux fois en possession de la plus haute magistrature de l'État. Cavaignac a été chef du pouvoir exécutif en 1848, et M. Carnot est, depuis 1887, investi de la présidence de la république. Quelques divergences que puisse provoquer, dans un pays aussi divisé que le nôtre, l'appréciation du rôle politique de ces chefs d'État, il est du moins deux qualités à l'exercice desquelles on reconnaîtra qu'ils n'ont failli ni l'un ni l'autre; nous voulons parler de la droiture et du désintéressement : vertus dont l'Ecole polytechnique ne prétend pas s'attribuer le monopole, mais dont la pratique est assez familière à ses enfants pour qu'elle aime à les reconnaître à cette marque d'origine.

*

* *

Il nous reste à apprécier l'influence que l'Ecole polytechnique a exercée sur le progrès des sciences; car, on s'en souvient, la pensée de ce progrès a toujours été unie, dans l'esprit des fondateurs de l'institution, à celle des services publics dont l'Ecole avait la charge, et jamais ce point de vue n'a été oublié lors des réorganisations successives qu'on a fait subir à l'œuvre de 1794.

A cet égard, l'ambition des plus exigeants a dû se déclarer

satisfaite dès le début. La France possédait alors des savants de premier ordre. Lagrange et Laplace étaient, comme mathématiciens, sans rivaux en Europe. A côté d'eux brillaient Fourier, Monge et Prony. Enfin, avec des chimistes comme Berthollet, Guyton-Morveau, Fourcroy, Vauquelin et Chaptal, des physiciens comme Coulomb et Lefèvre-Gineau, des astronomes comme les Lalande et Cassini, notre pays n'avait rien à envier à l'étranger. Ce n'est donc pas l'Ecole polytechnique qui a créé le grand mouvement scientifique des derniers jours du dix-huitième siècle. Mais sa fondation, coïncidant presque jour pour jour avec le rétablissement des anciennes académies, devenues l'Institut de France, a été un stimulant d'une puissance exceptionnelle. Jusqu'alors les savants éminents dont le pays s'honorait n'avaient professé que dans des écoles fermées, en présence d'auditoires restreints. Quel encouragement ce dut être pour eux de se voir appelés à constituer une corporation unique en son genre, et de pouvoir expérimenter la fécondité de leur enseignement sur une génération pleine de sève, avide de savoir, prêtant une attention émue à des leçons dont chacune était presque une révélation ! On peut dire que l'Ecole offrait un milieu dans lequel la capacité des professeurs trouvait pour son développement les conditions les plus favorables. C'est ainsi que, dès les premières années, avec des élèves comme Lancret, Biot, Poisson, on vit s'établir entre maîtres et disciples un fructueux échange d'observations, au grand profit d'un enseignement sans cesse perfectionné. C'est aussi à l'Ecole qu'Ampère, jusqu'alors inconnu, a commencé à déployer son éclatante supériorité. S'il n'a pas été élève de l'institution, du moins, appelé à y professer dans les premières heures, il a trouvé là l'occasion de mûrir un génie qui devait se révéler, quelques années après, par des coups d'éclat où l'Ecole a certainement le droit de revendiquer sa part de mérite.

Les chimistes ont coutume de dire que les affinités opèrent avec une puissance exceptionnelle, quand les corps entre lesquels elles s'exercent sont à l'*état naissant*, c'est-à-dire fraîchement dégagés des combinaisons où ils étaient antérieurement retenus. N'est-ce pas quelque chose d'analogue qui a dû se produire, quand « ce foyer de lumière », pour employer le langage du temps, a commencé à luire au sein d'une nation récemment secouée par les plus violents cataclysmes, où toutes les institutions du passé venaient de sombrer du même coup? Aussi vit-on, de tous côtés, se révéler des aptitudes et des bonnes volontés qui, jusqu'alors, n'avaient pas eu conscience d'elles-mêmes, et, en peu d'années, cette éclosion produisit des fruits étonnants.

Nous avons déjà cité le cas de Poinsot, entré comme par hasard à l'Ecole, après quelques jours de préparation. Dès 1803, ayant à peine vingt-six ans, il faisait sensation dans le monde savant par la publication de ses *Eléments de statique*, où il développait la théorie à la fois si ingénieuse et si simple des couples; livre dont Fourier ne craignit pas de dire que l'auteur avait su énoncer « des principes nouveaux dans une des matières le plus anciennement connues, inventée par Archimède et perfectionnée par Galilée ». Trois ans après, Lagrange obtenait pour son élève une place d'inspecteur général de l'Université; et, en 1813, l'Académie des sciences ouvrait ses portes à ce géomètre de haut vol, un des génies les plus originaux que la science ait produits.

Quant à Biot, camarade de Poinsot, dont il avait été le chef de brigade en 1794, lui aussi avait quitté de suite la carrière d'ingénieur pour devenir, en 1797, professeur à Beauvais. Ses succès académiques furent encore plus rapides que ceux de Poinsot; car, devenu, en 1800, professeur au Collège de France, et honoré de l'amitié de Laplace, il recevait, en 1803, dans la section de géométrie, le premier siège qui ait été attribué à l'Ecole polytechnique dans le sein de l'Institut.

En 1806, c'était la section de physique qui ouvrait ses portes à Gay-Lussac. Ce grand savant, un de ceux qui ont le plus honoré l'Ecole, avait fait partie de la promotion de 1797, et il venait de se rendre célèbre par ses ascensions en ballon. En 1809, la section d'astronomie accueillit Arago, qui n'avait que vingt-trois ans, et venait d'accomplir aux Baléares une importante opération géodésique, à travers un ensemble de dangers et de fatigues où s'étaient révélées la vigueur de son caractère et les ressources de son esprit. Il n'allait pas tarder à justifier ce choix par des trouvailles de premier ordre en physique. Un des chefs de brigade de 1794, Malus, de retour de l'expédition d'Egypte, s'illustrait par la découverte des lois de la polarisation de la lumière, et en 1810, élu dans la section de physique, il venait rejoindre ses camarades Biot et Poinsot à l'Académie des sciences, à laquelle malheureusement il ne devait appartenir que deux ans. A sa mort, survenue en 1812, ce fut un polytechnicien qui lui succéda, l'illustre mathématicien Poisson, élève de la promotion de 1798, et signalé dès son entrée à l'Ecole par de tels succès, que, dispensé à l'unanimité de l'examen d'admission aux services publics, il devint d'emblée, à dix-neuf ans, répétiteur et bientôt professeur dans l'établissement même où, la veille encore, il recevait les leçons de Lagrange.

Ainsi, moins de vingt ans après la fondation de l'Ecole, six des élèves qu'elle avait formés étaient déjà venus s'asseoir à l'Institut, à côté des savants illustres dont l'enseignement avait déterminé leur vocation. Tous les six étaient destinés à laisser dans la science une trace profonde, et deux d'entre eux, Poinsot qui vécut jusqu'en 1859, et Biot, dont l'existence ne se termina qu'en 1862, devaient avoir, grâce à leur longévité, une grande satisfaction, celle d'être témoins de tous les progrès d'une institution dont ils avaient profité dès la première heure, et qui atteignait son apogée juste au moment où ils allaient quitter ce monde. Il était d'ailleurs réservé à Poinsot et à Poisson, en leur qualité de membres du Conseil de l'instruction publique, d'exercer la plus heureuse influence sur le développement de l'enseignement des mathématiques dans l'Université de France, où cette spécialité n'avait, dans les premières années du siècle, qu'une part bien minime. Les pages que Poinsot a écrites dans un de ses premiers rapports officiels et que M. J. Bertrand nous a conservées [1], méritent de compter parmi les plus beaux plaidoyers en faveur de l'utile discipline que donne à l'esprit la culture, même momentanée, des sciences exactes.

Nous venons de voir par quels brillants débuts l'École polytechnique s'était signalée dans l'ordre du progrès scientifique. Comment s'étonner, dès lors, de l'immense intérêt qu'excitait, dans toute l'Europe, l'établissement qui avait si bien répondu à l'attente de ses fondateurs? Dès 1801, les savants étrangers y affluaient : c'étaient Volta, Brugnatelli, Rumford, qui se plaisaient à parcourir les laboratoires et les collections, heureux de s'entretenir avec les savants renommés qui présidaient à l'enseignement. Puis venaient les ambassadeurs de Russie et d'Espagne, ainsi que l'infant de Parme. L'évêque de Luck, recteur de l'université de Wilna, recommandait aux professeurs deux élèves et adjoints de cette université, conduits à Paris, disait-il, « par un noble désir de rapporter un jour, au milieu de leurs concitoyens, un rayon du foyer des lumières que l'École polytechnique fait briller en France ». La Suisse, dans la convention du 27 septembre 1803, avait soin de stipuler que vingt jeunes gens de ce pays, présentés par le Landammann, auraient le droit d'être admis à l'École, après avoir subi l'examen réglementaire. Enfin l'impression était si profonde en Europe, qu'au congrès d'Aix-la-Chapelle, l'empereur Alexandre de Russie devait dire de l'École polytechnique : « C'est la plus belle des institutions que les hommes aient faites. » Aussi, quand, en 1820, il voulut fonder dans son empire une pépinière d'ingénieurs, c'est à deux polytechniciens, Lamé et Clapeyron, qu'il eut recours pour y organiser l'enseignement.

[1] Voy. l'*Éloge de Poinsot*.

Nous insistons à dessein sur ces témoignages, parce qu'ils viennent de l'étranger et ne peuvent être, par conséquent, suspects de partialité. Dans cet ordre, rien n'est plus décisif que ce qu'écrivait récemment le rapporteur du bureau d'éducation de Washington, à propos de l'histoire de l'enseignement des mathématiques aux États-Unis[1]. On nous permettra d'en donner des extraits significatifs :

« En 1794 eut lieu à Paris l'ouverture de l'École polytechnique. Cette école a conquis une célébrité universelle... Son succès a été *phénoménal*. Ce fut une véritable *pépinière de géants*... Son histoire est pour les Américains d'un intérêt tout particulier; car notre école militaire de West-Point en dérive à titre de rejeton.

« Comparés aux mathématiciens français du commencement de ce siècle, nos professeurs américains de l'époque n'étaient que de *simples Lilliputiens*. Le peu de connaissances mathématiques qui existait dans notre pays nous était venu de source anglaise. »

Après avoir constaté que l'Angleterre était alors en grand retard sur la France, si bien que c'est seulement en 1813 que les efforts d'un club scientifique de Cambridge parvinrent à faire cesser l'usage des notations surannées de Newton, ce qui permit enfin aux Anglais d'aborder la lecture des ouvrages de mathématiques publiés sur le continent, le rapporteur ajoute :

« Enfin, le temps arriva où l'influence des écrivains français commença à se faire sentir parmi nous. On reconnut leur supériorité sur les auteurs anglais, et les études mathématiques en reçurent une vive impulsion. » Il est vrai qu'on se borna d'abord à l'usage des livres de Lacroix, de Bezout et de Bourdon. Aussi le rapport américain dit-il : « En 1821, Cauchy publia à Paris son Cours d'analyse. Si les rédacteurs de nos manuels avaient donné à ce volume l'attention qu'il méritait, plus d'une méthode défectueuse, alors en usage chez nous, eût été amendée. » Quelques pages plus loin, nous trouvons encore cette déclaration : « Si nos collèges classiques avaient su s'inspirer à quelque degré de l'esprit qui dominait à l'École polytechnique de Paris, aux jours où Laplace, Lagrange, Lacroix, Ampère y professaient et suscitaient par leur enseignement des penseurs tels qu'Arago, Cauchy, Le Verrier, alors la liste de nos mathématiciens et astronomes éminents aurait pu être doublée ou triplée; mais si nous avions pris aux Français quelques-uns de leurs anciens manuels, nous n'avions pas su leur emprunter l'amour de l'étude et de la recherche scientifique. »

---

[1] *Bureau of Education. Circular of information*, n° 3. *The teaching and history of mathematics in the United States.* Washington, 1890.

C'est en 1817 que Crozet, élève de la promotion de 1805, puis artilleur démissionnaire en 1816, fut appelé en Amérique pour professer à West-Point. Sa surprise fut extrême en constatant, chez les jeunes ingénieurs militaires qu'il était chargé de former, l'absence de toute éducation mathématique préalable. Il dut changer le programme de ses cours et révéler à ses disciples, entre autres connaissances nouvelles, la géométrie descriptive de Monge, si féconde en applications à l'art de l'ingénieur. C'est à cette occasion qu'il les initia du même coup à l'usage du tableau noir et de la craie, encore inconnu dans ce pays [1]!

Après ces témoignages, rendus par l'étranger aux débuts de l'institution, il serait bon, pour montrer qu'elle en est demeurée digne, d'énumérer toutes les conquêtes dont les élèves de l'École polytechnique ont enrichi la science. C'est à cette tâche que satisferont les biographies du Livre d'Or, et nous pouvons à peine l'effleurer ici, en rappelant les noms de ceux qui se sont le plus distingués.

Nous avons déjà parlé des voies nouvelles que Poinsot avait ouvertes à la géométrie, tandis que Poisson, génie tout opposé, révélait dans le maniement de l'instrument mathématique une puissance et une souplesse que nul n'avait soupçonnées avant lui. Bientôt apparaissait Cauchy, le prodigieux et fécond analyste, dont le génie savait se mouvoir avec la plus parfaite aisance dans des régions jugées à peine abordables pour les mieux préparés. Puis c'était Charles Dupin, le plus célèbre des disciples de Monge, à la fois ingénieur et géomètre, dont les travaux ont eu la plus grande influence sur les progrès de la science, en la dotant de théories nouvelles qui, dès 1813, sont entrées dans l'enseignement de l'École. Ses traces étaient bientôt suivies par Poncelet, auteur du *Traité des propriétés projectives des figures*, livre « encore aujourd'hui éclatant et unique [2] », qui a marqué dans la pure géométrie un des pas les plus considérables qu'on ait faits dans ce domaine. Ensuite on a vu venir Lamé, esprit d'une rare fécondité, véritable fondateur de la physique mathématique; et enfin Michel Chasles, qui a mérité cette louange : « Tous les géomètres de l'Europe sont les disciples de M. Chasles [3]. » Pourtant la suprême consécration que donne l'Académie a longtemps manqué à ce savant, dont les travaux, si profonds sous leur apparente simplicité, déconcertaient la tradition d'une époque qui avait peine à se

[1] A vrai dire, l'usage du tableau noir paraît avoir été introduit un peu auparavant en Amérique dans une école tenue par un prêtre catholique.

[2] J. Bertrand, *Éloge de Michel Chasles.*

[3] J. Bertrand, *loc. cit.*

figurer les mathématiques transcendantes autrement que sous un appareil spécial de formules compliquées!

D'habiles et ingénieux mathématiciens, Liouville, Binet, Serret, Duhamel, Bonnet, vinrent, tour à tour, non sans éclat, combler à l'Institut les vides causés par la mort de leurs devanciers, tandis que d'autres, comme Wantzell et Bour, mouraient trop jeunes pour recevoir une récompense qui, certes, n'eût pas fait défaut à leur rare mérite. Puis on vit paraître un moment à l'Académie deux savants d'une valeur exceptionnelle, Laguerre et Halphen, esprits originaux et profonds, dignes rejetons de la vieille École polytechnique; car l'un et l'autre, après s'être distingués durant la guerre comme officiers d'artillerie, avaient su ouvrir des routes nouvelles en mathématiques, tout en exerçant, par leur conscience et leur sagacité comme examinateurs, la plus heureuse influence sur le recrutement des jeunes camarades. Malheureusement une mort prématurée devait trancher leur carrière.

Aujourd'hui, tandis que M. Mannheim, successeur de M. de La Gournerie, continue à s'inspirer des traditions géométriques de Monge et de Chasles, les hautes mathématiques sont représentées à l'Institut par quatre polytechniciens, dont deux appartiennent à la savante compagnie depuis trente-huit ans : M. Joseph Bertrand, dont le génie précoce excita tant d'attention, il y a quelque cinquante ou soixante ans, et qui depuis lors a fait sentir la supériorité de son esprit dans presque tous les domaines, y compris celui des lettres; M. Hermite, universellement respecté comme un des princes de l'analyse, qui lui doit nombre de ses plus belles conquêtes, et dont il a tenu le sceptre depuis que Gauss et Jacobi ne sont plus de ce monde; M. Camille Jordan, profond comme géomètre autant que comme analyste, inspiré dans ses travaux par la recherche de l'ordre et de la symétrie; enfin M. Poincaré, qui, à l'âge où tant d'autres commencent à peine à acquérir des titres, entrait à l'Académie des sciences avec un bagage suffisant pour asseoir la plus brillante renommée. Si bien qu'aujourd'hui, tous, à l'étranger comme en France, s'entendent pour proclamer la supériorité de ce génie mathématique, qui n'a de comparaison à craindre, ni dans le présent ni dans le passé.

Une école destinée au recrutement des ingénieurs ne pouvait manquer de se distinguer particulièrement dans le domaine de la mécanique. Aussi cette spécialité a-t-elle déjà compté, à l'Institut, 18 polytechniciens sur 26 membres élus depuis 1803. Dans le nombre il faut citer Navier, le fondateur de la théorie de la résistance des matériaux; Coriolis, à qui l'étude du travail des machines est redevable de grands progrès, en même temps que son nom est devenu populaire par un remarquable essai sur la théorie mathématique du jeu de billard; Piobert, le premier artilleur qui ait appliqué la haute science à l'étude du mouvement des projectiles; Morin et Tresca, tous deux, en leur temps, directeurs du Conservatoire des arts et métiers; Combes, éminent dans l'art de l'exploitation des mines et dans la théorie des appareils à vapeur; Clapeyron, l'un des fondateurs de l'industrie des chemins de fer et de l'étude rationnelle des ponts métalliques; Barré de Saint-Venant, Phillips, Bresse, qui professèrent avec distinction à l'Ecole polytechnique ou à celle des ponts et chaussées; Rolland, l'ancien directeur des manufactures de l'État; enfin, de nos jours, M. Résal, habile dans l'application du calcul différentiel à tous les problèmes de la mécanique contemporaine; M. Maurice Lévy, dont les recherches ont surtout enrichi la science des constructions; M. Sarrau, à la fois mathématicien et physicien, connu de tous les artilleurs pour ses belles recherches sur les explosifs; enfin, M. Léauté, qui s'est surtout appliqué à tracer, par une heureuse combinaison de la théorie et de l'expérience, les règles qu'il convient de suivre dans l'établissement et la conduite des machines. A ces travaux, il y a lieu d'ajouter les importantes publications didactiques dont M. Haton de la Goupillière a enrichi la littérature de l'exploitation des mines et de la mécanique.

A l'astronomie, l'Ecole polytechnique a donné Arago, dont le nom se passe de commentaires; Mathieu, Laugier, ses dévoués collaborateurs; Savary, trop tôt enlevé à une science qu'il honorait; Largeteau, l'utile calculateur du Bureau des longitudes; Delaunay, qui s'est acquis une juste célébrité par sa théorie de la lune; mais surtout Le Verrier, qui, par sa découverte de la planète Neptune, a produit le résultat peut-être le plus considérable et le plus retentissant de ce siècle : celui d'assurer à la science, qui rencontrait encore un certain nombre de sceptiques, une autorité désormais indiscutable, méritée par le merveilleux accord que les calculs de l'astronome français avaient fait ressortir entre la théorie et l'expérience.

Il reste aujourd'hui, comme représentants de l'Ecole, dans la section d'astronomie, M. Faye, doyen de l'Académie des sciences, auteur de travaux sur les comètes et d'aperçus ingénieux sur l'origine des mondes; enfin, M. Callandreau, tout récemment appelé à l'Académie, pour laquelle le désignait sa compétence dans les difficiles matières de la mécanique céleste.

D'éminents physiciens, issus de l'Ecole, ont suivi la voie que Gay-Lussac avait été le premier à ouvrir, et que bientôt il quittait pour la chimie. Après Malus, dont nous avons déjà parlé, ce fut

Dulong, bientôt rejoint par Augustin Fresnel, le génie le plus puissant que l'Ecole polytechnique ait jamais produit; l'homme aux intuitions merveilleuses, et qui, dans le cours d'une existence tranchée avant qu'il eût atteint quarante ans, a su édifier un corps de doctrine tel, qu'aujourd'hui encore sa théorie suffit, moyennant de légères modifications de forme, à l'explication de tous les phénomènes optiques! Après lui sont venus César Becquerel, qui a marqué son empreinte dans les choses de l'électricité; Regnault, universellement célèbre par ses rares facultés d'expérimentateur; Babinet, esprit ingénieux et original; Cagniard-Latour, un des polytechniciens de 1794, l'inventeur de la sirène; enfin M. Cornu, habile à conduire et à discuter les observations les plus délicates; M. Henri Becquerel, représentant de la troisième génération dans une famille vouée à la physique[1]; et M. Potier, digne héritier, à l'Ecole polytechnique, de la chaire autrefois illustrée par son oncle Lamé.

Dans l'ordre des travaux consacrés à la navigation ou à la géodésie, l'Ecole polytechnique a compté, entre autres, Dortet de Tessan, l'éminent hydrographe; Dupuy de Lôme, le célèbre ingénieur dont nous avons rappelé l'éclatante supériorité en matière de constructions navales; M. de Bussy, de la même spécialité; le général Perrier, qui avait su mener à bonne fin la jonction géodésique de l'Espagne et de l'Algérie; son collaborateur, le colonel Bassot; enfin, M. Bouquet de la Grye, l'auteur des cartes de la Nouvelle-Calédonie et de tant de travaux d'hydrographie ou d'astronomie.

Gay-Lussac est le plus célèbre des chimistes qu'ait produits l'Ecole polytechnique. Regnault et Le Verrier s'étaient un moment adonnés avec grand succès à cette science, qu'ils laissaient bientôt, l'un pour la physique, l'autre pour l'astronomie. Berthier et Rivot ont précisé les règles de l'analyse des substances minérales, et Cahours a occupé une place distinguée parmi les chimistes, au nombre desquels Marignac a aussi été tenu en grande estime. Aujourd'hui encore cette spécialité est, de la part de plusieurs polytechniciens, notamment MM. G. Lemoine et H. Le Châtelier, l'objet de recherches qui tirent leur grand intérêt de la précision que ces savants réussissent de mieux en mieux à introduire dans ce domaine où, jusqu'à l'arrivée de M. Berthelot, les considérations exactes avaient trouvé peu d'applications.

C'est aussi dans le cadre de la chimie qu'on peut ranger les

---

[1] Son père, M. Edmond Becquerel, avait été reçu à l'École; mais il ne profita pas du bénéfice de son admission, ce qui nous interdit de le compter dans cette énumération.

belles études de M. Schlœsing sur la composition des sols, celle de
l'atmosphère, et le mode de l'assimilation de l'azote, bien que ces
recherches aient été récompensées par un siège dans la section
d'économie rurale, comme l'avaient été autrefois les travaux
d'Hervé-Mangon en vue du drainage et des irrigations ; comme le
furent plus tard ceux de M. Chambrelent pour la mise en culture
des parties marécageuses des Landes : œuvre considérable, si l'on
envisage soit l'ingénieuse simplicité des moyens, soit le bénéfice qui
en est résulté pour le pays.

Le plus grand nom de la géologie, Elie de Beaumont, appartient
à l'Ecole polytechnique. Comme Fresnel et comme Le Verrier,
c'était un de ces privilégiés en qui une science tout entière se per-
sonnifie avec un éclat dont le respect s'impose même aux moins
initiés. De-plus sa carrière n'a été ni prématurément interrompue
comme celle de Fresnel, ni traversée, comme celle de Le Verrier,
par des agitations préjudiciables à la renommée d'un savant. Rien
ne lui a manqué en fait de témoignages de l'estime publique, et
l'incomparable dignité qui a été la marque distinctive de sa longue
existence contribue encore à le faire ranger parmi les hommes
dont l'Ecole est le plus justement fière.

Après lui, Durocher, l'observateur des régions scandinaves ;
Delesse, qui a si consciencieusement étudié les roches éruptives ;
M. Daubrée, dont les études sur les météorites et les expériences de
géologie synthétique ont fait sensation, ont brillamment représenté
l'Ecole dans la même spécialité. Le service de la carte géologique
détaillée de la France, fondée par Elie de Beaumont, a suscité,
parmi les ingénieurs des mines de la génération présente, toute
une pléiade de géologues dont les uns ont éclairci les plus difficiles
problèmes de la constitution de notre sol, tandis que d'autres, par
leurs publications d'ensemble, non seulement affranchissaient notre
pays du tribut qu'il avait trop longtemps payé à l'étranger en
matière didactique, mais opéraient au dehors une véritable invasion, par la conquête d'une clientèle cosmopolite.

Quant à la minéralogie, cette science si française par ses origines,
c'est à des polytechniciens qu'elle doit ses principaux progrès.
Bravais, par ses admirables travaux, a élevé la cristallographie au
rang des plus belles doctrines qui aient jamais été conçues, et son
continuateur, M. Mallard, a trouvé moyen d'y ajouter des com-
pléments de premier ordre, par lesquels la face de la minéralogie
a été entièrement renouvelée. Antérieurement, Dufrénoy, par son
cours à l'Ecole des mines ; de Sénarmont et Ebelmen par leurs
beaux essais de reproduction artificielle, s'étaient placés aux premiers rangs dans l'estime publique.

Enfin, il n'est pas jusqu'à la paléontologie, c'est-à-dire la connaissance des animaux fossiles, qui n'ait trouvé parmi les anciens élèves de l'École un représentant hors ligne. Nous voulons parler de Barrande, cet homme éminent par le caractère autant que par le savoir, et que son dévouement inaltérable au comte de Chambord n'a pas moins honoré que les immenses travaux par lesquels il a révélé les étonnantes richesses paléontologiques de la Bohême. Ainsi, même dans ce domaine de l'histoire naturelle, où il peut sembler *a priori* que la géométrie n'ait rien à voir, l'expérience a démontré, d'une façon décisive, quels avantages un observateur peut recueillir d'une solide instruction mathématique, et quelle force prête, à ses conceptions comme à l'exposé de ses idées, l'habitude d'une discipline intellectuelle fondée sur la culture des sciences exactes.

Si l'on voulait essayer de traduire en chiffres l'importance du rôle scientifique de l'Ecole polytechnique, il suffirait d'établir la part numérique qui lui a été jusqu'ici attribuée dans la composition de l'Académie des sciences, où il est rare qu'un mérite de cet ordre ne trouve pas sa consécration définitive. Depuis 1795, date de l'organisation de l'Institut, l'Académie a compté 322 membres en sections, dont 245 ont été élus postérieurement à 1803, c'est-à-dire après l'entrée de Biot, le premier polytechnicien admis à l'Institut. Dans ce chiffre de 245, les anciens élèves de l'Ecole figurent pour 72, soit tout près de 30 pour 100. Cette moyenne générale est aussi celle qui convient à l'année 1893, où l'Ecole a compté 20 représentants sur 68 membres, et, en outre, 3 académiciens libres sur 10.

Mais, pour que cette appréciation ait toute sa valeur, il convient de considérer seulement celles des sections auxquelles les polytechniciens peuvent régulièrement aspirer; car il est évident que la nature de leurs études ne leur permet de réclamer aucune part en zoologie, en botanique, en médecine, etc. En tenant compte de ces considérations, on trouve que, sur 130 titulaires élus depuis 1803, 68, ou 53 pour 100, ont appartenu à l'Ecole. La période la plus brillante a été celle de 1867 à 1871, où la proportion était de 25 sur 37, soit plus de 67 pour 100. De 1862 à 1870, la section de géométrie a exclusivement appartenu à l'Ecole. Il en a été de même, pour la section de mécanique, pendant deux périodes de dix-huit ans chacune, la première de 1847 à 1864, la seconde de 1868 à 1885.

Enfin, depuis 1830, l'Ecole polytechnique n'a cessé d'avoir en sa possession le fauteuil si estimé du secrétaire perpétuel pour les sciences mathématiques. M. Joseph Bertrand y a succédé en 1875 à Elie de Beaumont, qui lui-même avait reçu en 1854 la succession d'Arago.

Mais l'Ecole ne s'est pas seulement distinguée dans l'ordre des sciences proprement dites. Elle a produit des penseurs de premier ordre, bien que tous ne puissent prétendre à la même reconnaissance de la part de la postérité. Des philosophes comme Jean Reynaud, Auguste Comte, le P. Gratry, l'abbé de Broglie; des économistes comme Michel Chevalier, Le Play et Vuitry; des érudits comme Chabrol de Volvic, de Chézy, Jomard, Ed. Biot, Sédillot, de Saulcy, Walckenaër; des écrivains comme Barante, Saint-Aulaire, J.-B. Biot et M. Joseph Bertrand, forment autour de sa couronne scientifique une brillante auréole, et suffisent à montrer combien est excessif le reproche si souvent adressé à l'éducation de l'Ecole de dessécher le cœur et l'esprit.

Il est à remarquer que les polytechniciens ont toujours ressenti, pour l'étude des questions sociales, un attrait qui dérivait, en somme, d'un réel souci des misères de l'humanité. Plusieurs ont apporté dans cette recherche plus d'ardeur naïve que de clairvoyance, et les noms d'Enfantin et de Considérant rappellent une période où les manifestations de cette bonne volonté ne furent pas toujours exemptes d'une forte dose de ridicule. Mais, outre que ces excès avaient pour principe un incontestable désir de bien faire, qui a fini par conduire plus d'un saint-simonien désabusé dans les rangs des chrétiens militants, il est juste de rappeler qu'un jour est venu où, dégagée des utopies primitives, l'intervention de l'Ecole a produit une œuvre forte et féconde. On devine que nous voulons parler des tentatives de réforme sociale de Le Play. C'est là qu'on peut se rendre compte de l'autorité que prête, aux conclusions d'un observateur, avec l'absolue bonne foi dans la recherche, l'application constante de cette méthode rigoureuse qui cherche à s'inspirer des traditions de la géométrie.

*
* *

Nous venons d'esquisser rapidement les titres qui établissent la participation de l'Ecole polytechnique au développement de la culture intellectuelle dans ce siècle. On peut dire que son action s'est fait sentir dans tous les domaines, et ce n'est pas exagérer de prétendre qu'aucune autre institution n'a eu l'occasion d'exercer une influence aussi universelle et aussi variée. Cette influence, qui semble plus solidement établie qu'elle n'a jamais été, est-elle destinée à se maintenir, ou faut-il en prévoir la diminution? Le Centenaire doit-il marquer un progrès dans la marche de l'Ecole, ou inaugurer une période de moindre prospérité? C'est une question qu'il ne nous paraît pas superflu d'envisager.

Une telle recherche est d'autant plus opportune, qu'à en juger par les sanctions académiques, on peut prétendre que la fortune scientifique de l'École n'est pas en voie d'accroissement. Après avoir constamment grandi jusqu'aux environs de 1870, elle a subi, à partir de cette époque, un ralentissement qui coïncide justement avec les progrès réalisés par l'École normale supérieure. Loin de nous la pensée de provoquer un antagonisme quelconque entre deux institutions qui, l'une et l'autre, honorent le pays et contribuent à sa grandeur. Assurément il importe peu à la France que les savants qui tiennent son drapeau dans le monde portent telle ou telle étiquette d'origine. Sénarmont nous a donné autrefois le modèle de la conduite à tenir, lorsqu'étant inspecteur de l'École des mines, et déjà célèbre par ses belles expériences de synthèse de minéraux, il suivait avec un intérêt si affectueux les recherches entreprises sur le même sujet, au laboratoire de l'École normale, par Henri Sainte-Claire-Deville, ou quand, à l'Académie, il se plaisait à mettre en pleine lumière, dans un rapport cité comme un modèle, les travaux par lesquels M. Pasteur commençait l'illustration de son nom.

Mais précisément parce qu'il y a place pour les deux écoles, et qu'il est bon de maintenir entre elles une émulation profitable au bien du pays, on a le droit et le devoir, si l'on aperçoit chez l'une d'elles quelque cause nouvelle d'infériorité, de la signaler avec franchise à la vigilance des pouvoirs publics. Il est bien vrai que, dans le résultat que nous venons de signaler, une bonne part est due au caractère encyclopédique de l'enseignement de l'École normale, qui lui rend accessibles, à l'Institut, des sections fermées aux polytechniciens. Une autre cause est la complication des recherches scientifiques actuelles, qu'on ne peut plus poursuivre qu'à la faveur de laboratoires richement outillés, ce qui assure aux établissements universitaires un avantage chaque jour croissant. Mais il y a d'autres raisons encore, et nous ne craindrons pas de dire que l'École normale a mieux défendu que l'École polytechnique son caractère d'institution de haute culture contre des traditions nouvelles, dont l'invasion date surtout de nos désastres.

Jusqu'alors, ce qui faisait le caractère fondamental de l'École polytechnique, c'était la juste proportion qu'on avait su maintenir entre les différents services. Environ un tiers des élèves de chaque promotion pouvaient aspirer aux carrières civiles. C'était assez pour entretenir une féconde émulation. Les ingénieurs proprement dits y gagnaient d'avoir eu plus d'efforts à faire pour conquérir une situation enviée, et l'armée recueillait un bon nombre d'officiers instruits, qui, une fois accepté le sacrifice d'espérances un moment caressées, retrouvaient dans le service d'armes véritablement savantes mainte occasion d'appliquer leurs connaissances scientifiques.

Aujourd'hui les proportions sont entièrement renversées. L'énorme développement qu'il a fallu donner au corps de l'artillerie a nécessité une augmentation considérable et subite du nombre des officiers. On a tenu à leur garder, le plus possible, le bénéfice de l'éducation polytechnicienne, et ainsi, tandis que la moyenne de l'effectif des anciennes promotions avait été de moins de 150, on a vu se succéder, depuis 1873, vingt promotions de 230 à 260 et même 265 élèves, dont 150 à 180 destinés à l'artillerie. Le nombre des places civiles est ainsi devenu presque dérisoire. De plus, le désir de remplir au plus tôt les cadres a fait prévaloir l'usage d'enlever à l'École, au bout d'une année d'études, un certain nombre d'élèves, dits *petits chapeaux* [1], qu'on envoie de suite à Fontainebleau pour y apprendre le métier avec leurs anciens. Dans les régiments, le service de troupe devient de plus en plus prépondérant sur celui de l'arme savante proprement dite ; de telle sorte qu'il s'établit un contraste frappant entre la préparation scientifique qu'on exige de la totalité des candidats, et le peu d'usage qu'ils auront à faire de connaissances si laborieusement acquises.

Que l'artillerie ne veuille pas renoncer à ce précieux privilège d'origine, auquel elle doit d'occuper aujourd'hui, dans l'ensemble de l'armée, la place considérable que nous lui avons reconnue, cela se comprend sans peine. Mais peut-être un législateur prévoyant serait-il bien inspiré s'il proposait de revenir simplement aux anciennes traditions, d'après lesquelles l'École polytechnique ne devait fournir que des *ingénieurs nationaux*. Et alors, cherchant pour l'artillerie de troupe et de combat un mode de recrutement convenable, on formerait, pour l'attaque et la défense des places, des corps spéciaux, auxquels reviendraient en outre la construction des fortifications, l'entretien des casernements, la fabrication et le perfectionnement du matériel de guerre. Pour ne pas endosser perpétuellement l'uniforme, pour préférer, comme faisait Vauban, le port de la canne à celui d'un grand sabre, pour renoncer à l'ambition de faire brillante figure dans les carrousels, de tels officiers

---

[1] Parce qu'ils conservent encore pendant une année le chapeau des polytechniciens.

n'en seraient pas moins d'utiles serviteurs pour le pays, et on échapperait à cette contradiction de bourrer de calcul intégral ou de physique mathématique des militaires destinés à chevaucher toute leur vie en tête ou sur les flancs d'une batterie.

Ce serait, en somme, l'École polytechnique telle que la voulait Monge. Elle continuerait à pourvoir aux services de l'Etat, en leur donnant des hommes d'autant mieux imprégnés des traditions nécessaires de hiérarchie, de discipline administrative et de souci du bien public, que la pratique de ces traditions est déjà plus ancienne. A côté, l'Ecole centrale garderait le rôle très utile qu'elle remplit depuis sa fondation, en formant, dans le moins de temps possible, de jeunes ingénieurs capables de déployer les qualités d'initiative que recherche l'industrie privée, et qu'encourage la perspective d'un genre de succès auquel les polytechniciens ne peuvent prétendre que par exception.

Un autre danger, conséquence du précédent, consiste dans une tendance à assimiler de plus en plus le régime intérieur de l'Ecole polytechnique à celui des écoles exclusivement militaires. On conçoit que des jeunes gens, destinés à servir dans l'infanterie ou la cavalerie, soient astreints à contracter de bonne heure ces habitudes de sévère discipline externe qui font considérer comme une infraction grave le fait d'avoir insuffisamment *astiqué* les boutons d'une tunique ou le fourreau d'un sabre. En pareil cas, la crainte permanente d'une punition est le seul moyen d'obtenir une attention constamment tendue vers ces menus détails. Mais alors il faut renoncer à obtenir, des mêmes esprits, la préoccupation des problèmes de la science. Il n'y a pas à se le dissimuler : les deux ordres de choses sont rigoureusement incompatibles. La discipline, qui s'impose évidemment à toute agglomération de jeunes gens, doit se plier dans ses formes aux nécessités de la carrière future, et si, comme certains symptômes portent à le supposer, on avait le dessein d'accentuer le caractère déjà très militaire de l'Ecole polytechnique, ce serait le cas de reprendre les vigoureuses doléances de Charles Dupin, qui, de son temps déjà, protestait contre une tentative aussi contraire aux vues des fondateurs de l'institution. Autant vaudrait alors remplacer dans les archives la glorieuse image de Monge par celle du roi-caporal, le premier auteur du fléau qui sévit aujourd'hui sur l'Europe entière.

D'ailleurs les exigences militaires de l'époque en arrivent à réagir jusque sur les carrières civiles. Au sortir de l'Ecole, les élèves classés dans les mines ou les ponts et chaussées sont obligés tout d'abord d'accomplir un stage d'une année dans le génie ou dans l'artillerie. Nous voudrions nous tromper, mais nous nous demandons combien parmi eux, après cette interruption, conserveront intact le goût des études scientifiques; combien consentiront à ouvrir de nouveau des livres de mathématiques et à pâlir sur des intégrales. C'est à coup sûr un jeu dangereux qu'un tel régime, et nous craignons fort qu'il ne détourne de la science pure bon nombre de ceux qui s'y seraient adonnés dans d'autres conditions. Et dire que ce danger aurait pu être évité, sans la crainte de voir quelques pauvres séminaristes se glisser à travers la porte qu'il eût fallu ouvrir à cette occasion!

L'enseignement lui-même ne réclame-t-il pas un retour aux traditions du passé? N'y a-t-on pas cédé trop volontiers aux tendances que nous appellerons allemandes, et qui, sous prétexte de donner aux conceptions scientifiques plus de généralité, entraînent les esprits à des hauteurs où la plupart risquent de se perdre?

Les fondateurs de l'Ecole n'étaient pas tombés dans ce travers. Tout en prisant très haut la théorie pure, ils n'avaient pas voulu qu'elle demeurât isolée de ses applications pratiques. La géométrie y conservait une grande part, et celle qu'avait imaginée Monge ramenait sans cesse à la considération du réel et du concret. Lors de la réforme de 1816, on a commencé à rompre avec ces traditions. Cauchy était un admirable génie; mais, outre que son mode d'enseignement ne facilitait pas l'accès des sommets sur lesquels il aimait à planer, on peut dire que, par l'abus des *imaginaires*, il a consommé le divorce des mathématiques et du monde réel. Par une conséquence logique, un jour devait venir où, pour planer encore davantage, on arriverait à considérer la bonne et solide géométrie d'Euclide comme un simple chapitre au milieu d'un ensemble infini de conceptions, toutes logiquement admissibles, mais où des esprits transcendants peuvent seuls se mouvoir avec aisance.

Que cette façon nouvelle d'envisager les choses convienne à de futurs membres de l'Institut, nous l'admettons encore. Mais il n'y faut pas sacrifier le but principal de l'Ecole polytechnique, qui est de pourvoir aux grands services de l'Etat. C'est dans l'espace à trois dimensions, et non dans celui de Lovatschewsky ou de Riemann, que les ingénieurs auront à asseoir leurs constructions. De même, s'il leur faut présider à des installations électriques ou optiques, il leur sera peut-être d'un médiocre secours d'avoir essayé de se débattre au milieu des théories contradictoires sur l'essence des mouvements de l'éther; alors surtout que l'impitoyable analyse de M. Poincaré vient de nous démontrer que les deux doctrines antagonistes avaient, au point de vue logique, des droits égaux à représenter les phénomènes. Sans doute, l'enseignement de l'Ecole doit ouvrir l'accès de ces hauteurs, afin de mettre les vocations exceptionnelles en mesure de se manifester. Mais cette initiation doit être donnée avec mesure, et c'est un excès quand on peut dire de certains cours que deux ou trois élèves par promotion sont en état de les comprendre.

Mais n'est-ce pas risquer de perdre sa peine, que de faire ainsi valoir des considérations inspirées du simple bon sens qui, de nos jours, a si difficilement voix au chapitre? Proposer de revenir au monde réel quand chacun prend à tâche de lui tourner le dos; demander la simplification des programmes, lorsqu'on ne parle que de les aggraver, soit pour satisfaire aux préférences de chaque spécialiste, soit pour trouver des motifs d'élimination en présence d'une nuée de plus en plus innombrable de candidats; s'exprimer sans sympathie sur les exigences militaires, à l'heure où tout le monde joue au soldat, et où les médecins de l'armée ne se montrent plus que ceints d'un énorme sabre et chaussés de bottes à l'écuyère; entreprendre de remonter un tel courant quand il n'est question, dans tous les pays, que d'accroître les effectifs, pour pouvoir se ruer les uns sur les autres, au premier coup de clairon, sans doute en l'honneur de la civilisation moderne; voilà en vérité une ingrate besogne, et qui ne peut séduire qu'un esprit bien arriéré! Laissons donc l'avenir, qui appartient à la Providence, et le présent, sur lequel nos doléances ne sauraient avoir aucune action; et puisque l'occasion s'offre de raviver solennellement les souvenirs du passé, absorbons-nous de préférence dans cette contemplation rétrospective. Là, du moins, nous ne recueillerons que des impressions réconfortantes, et les polytechniciens, que pourrait assombrir la préoccupation des événements futurs, n'en aimeront que mieux à se serrer autour du drapeau de leur vieille École, dont l'histoire est, depuis cent ans, si intimement liée à celle des gloires de la patrie.

Quant à ceux qui n'y peuvent mettre un sentiment aussi personnel et filial, qu'ils lisent cette histoire avec impartialité; qu'ils se rendent compte de l'importance des services rendus, de l'honneur fait au pays par tant d'hommes éminents, dont les qualités natives, heureusement disciplinées par l'éducation de l'École, sont devenues héréditaires. Cela fait, ils décideront eux-mêmes si la France pourrait gagner quelque chose à voir supprimer ou mutiler l'institution séculaire que nos pères nous ont léguée dans une véritable inspiration du génie.